DROIT INTERNATIONAL

L'ARBITRAGE INTERNATIONAL

DROIT INTERNATIONAL

L'ARBITRAGE INTERNATIONAL

DANS LE PASSÉ, LE PRÉSENT ET L'AVENIR

PAR

M. E. ROUARD DE CARD

Avocat à la Cour d'Appel.

Ouvrage couronné par la Faculté de Droit de Paris (Prix Sturdy).

PRÉCÉDÉ D'UNE LETTRE

PAR M. CHARLES GIRAUD

Membre de l'Institut.

ET D'UN EXTRAIT DU RAPPORT FAIT A LA FACULTÉ DE DROIT DE PARIS

PAR M. LYON-CAEN

Professeur agrégé à la Faculté de Droit de Paris.

L'intérêt de l'État ne peut, à lui seul, justifier la guerre.
(BLUNTSCHLI.)

PARIS

A. DURAND ET PEDONE-LAURIEL, ÉDITEURS

Libraires de la Cour d'Appel et de l'Ordre des Avocats.

9, RUE CUJAS (ANCIENNE RUE DES GRÈS).

1877

A MONSIEUR CHARLES GIRAUD

MEMBRE DE L'INSTITUT

Recevez, cher Maître, ce premier livre comme un hommage rendu à votre profonde science.

E. ROUARD DE CARD.

Mon cher Monsieur,

Je vous remercie de l'hommage que vous voulez me rendre et je l'accepte avec cordialité. C'est à mon cours du Droit des gens, et en m'entendant disserter sur l'Arbitrage international, que l'honorable M. Daniel Sturdy a conçu la pensée de la fondation du prix dont vous avez été l'heureux lauréat. Votre dédicace, en rattachant mon souvenir à celui du généreux fondateur m'honore donc infiniment; mais ce qui me flatte davantage encore, c'est le mérite de votre ouvrage, à l'égard duquel les sentiments de vos juges ont été unanimes et qui va prendre place à côté des bonnes publications déjà livrées aux méditations des hommes compétents sur cette matière (1).

Ch. GIRAUD.

Paris, le 24 août 1876.

(1) La Commission chargée d'examiner les mémoires sur l'arbitrage international, était composée de MM. Giraud, Colmet-Daage, Gide, Lyon-Caen, *rapporteur*, et Renault.

PRÉFACE [1]

Il y a très-longtemps que les philosophes et les publicistes ont cherché à éviter à l'humanité les maux de la guerre, en substituant à la force un moyen rationnel de résoudre les contestations entre les États. Sans remonter au delà des temps modernes, Henri IV, l'abbé de Saint-Pierre, Bentham, Kant ont fait des projets de paix perpétuelle. Ces grands et généreux esprits, éblouis par les heureux effets que produirait l'adoption de leurs idées, ont eu le tort de ne pas considérer les difficultés à surmonter pour les faire adopter. « Il s'imaginait bonnement, dit Rousseau, en par« lant de l'abbé de Saint-Pierre, qu'il ne fallait « qu'assembler un congrès, y proposer ses arti-

(1) *Note de l'auteur*. — Pour donner une idée complète de la grandeur et de l'importance du sujet, je ne puis mieux faire que d'emprunter ce passage au rapport si remarquable lu par M. LYON-CAEN à la séance de la distribution des prix de la Faculté de droit de Paris, le 1er août 1876.

« cles, qu'on les allait signer et que tout serait « fait. » Ces projets de paix perpétuelle sont généralement tombés en discrédit ; mais la pensée d'offrir aux nations un moyen pacifique de terminer leurs différends, a fait de nos jours, et particulièrement en ces dernières années, de grands progrès. Des causes multiples les ont favorisés. La guerre a changé de caractère. Autrefois elle mettait en présence quelques milliers d'hommes, aujourd'hui elle fait entrer dans la lutte des peuples entiers. La perturbation que la guerre jette dans les rapports industriels et commerciaux des nations augmente avec le développement même de ces rapports. En quelques semaines, le pays vaincu est envahi et terrassé ; mis à la discrétion du vainqueur, il est ruiné pour de longues années. *Maintenant on fait la guerre à fond*, selon la franche expression d'un grand homme d'État qui connaît bien la justesse de cette maxime pour l'avoir appliquée.

Les terribles résultats des guerres contemporaines commencent du moins à éclairer les peuples. Ils paraissent disposés à comprendre que la guerre, par le sang qu'elle fait couler, par les douleurs qu'elle cause, par les dépenses qu'elle occasionne, rapporte toujours moins qu'elle ne coûte.

Une cause récente et plus directe a dirigé dans la plupart des pays l'attention publique sur ces sortes de questions. Grâce aux nobles efforts des gouvernements de la Grande-Bretagne et des États-Unis d'Amérique, une lutte fratricide, qui menaçait d'éclater entre ces deux nations, a été conjurée. Des arbitres choisis par elles ont mis fin à leurs différends par la célèbre sentence rendue à Genève, le 14 septembre 1872. Ce n'était pas du reste la première fois que l'arbitrage avait eu cet heureux résultat ; dans le passé, il y a eu des cas, sans doute moins importants que celui de l'*Alabama*, mais très-nombreux, dans lesquels des arbitres sont parvenus par leurs jugements à éviter des guerres. L'affaire de l'*Alabama* en a réveillé le souvenir.

Des circonstances spéciales ont donné à cette affaire et à la sentence de Genève qui y a mis fin, un grand retentissement; jusqu'alors, dans les arbitrages entre nations, on n'avait suivi aucune des formes judiciaires observées dans les procès entre les individus. Les arbitres étaient presque toujours des chefs d'Etat et, en l'absence de règles préétablies, ils jouaient en quelque sorte aussi bien le rôle de législateurs que celui de juges. Dans l'affaire de l'*Alabama*, les juges étaient de simples particuliers, ils constituaient un véritable tribunal ayant seulement à appliquer les trois grandes règles posées à l'avance sur les devoirs des neutres, par le traité de Washington. Devant le tribunal de Genève, on procéda comme devant un tribunal ordinaire ; chacune des deux nations en cause produisit ses mémoires, des questions de compétence furent même soulevées avant qu'il fût statué sur le fond.

En présence du grand succès obtenu par l'arbitrage dans cette mémorable affaire, on s'est demandé de tous côtés pourquoi un tribunal arbitral, semblable à celui qui a fonctionné à Genève, n'interviendrait pas efficacement dans tous les conflits internationaux.

Même en laissant de côté l'ambition aveugle, l'égoïsme cruel des princes et les passions parfois non moins funestes des peuples, on peut dire que la question de l'arbitrage international est pleine de difficultés et fort complexe.

Pendant de longs siècles, la force servait à résoudre les contestations entre les individus comme entre les nations. Alors régnait sans partage ce que les Allemands appellent d'une expression pittoresque et énergique : *Faustrecht* (le droit du poing). Si les guerres privées ont pu cesser entre les individus, c'est qu'il y a des lois précises qui fixent les droits de chacun, des juges qui appliquent ces lois, et une autorité qui, en cas de résistance, fait exécuter les jugements. Tout cela manque entre les nations. Pour elles, il n'existe point de tribunal supérieur chargé de terminer leurs différends. Un tel tribunal existât-il, que souvent il ne saurait quelles lois appliquer ; car l'incertitude la plus grande règne fréquemment sur les règles qui doivent régir les relations internationales.

Des hommes politiques, des publicistes pensent qu'on pourrait appliquer aux nations ce qui existe pour les individus. Ils croient qu'il serait possible de constituer un tribunal international permanent et de codifier le droit des gens.

Les parlements de la Grande-Bretagne, de l'Italie, des États-Unis d'Amérique, de la Belgique, de la Hollande, de la Suède, ont voté des motions recommandant à leurs gouvernements respectifs le recours à l'arbitrage.

Du reste les idées pacifiques avaient déjà trouvé un écho dans le célèbre vœu consigné au 23e protocole du congrès de Paris de 1856.

Sur la proposition de lord Clarendon, le congrès adopta un vœu, selon lequel, avant d'en venir aux mains, les nations devaient recourir à la médiation des puissances neutres. Quarante États non représentés au congrès adhérèrent au vœu inséré au protocole. Ce vœu ne consacrait pas le principe de l'arbitrage, mais il tendait du moins à introduire entre les nations le salutaire usage d'une sorte de préliminaire de conciliation. C'est grâce à lui et à l'énergique intervention de la Grande-Bretagne qu'en 1867 la conférence de Londres a pu empêcher les hostilités de s'ouvrir à l'occasion de l'affaire du Luxembourg.

L'idée de codifier le droit des gens a aussi fait en ces derniers temps de nombreux adeptes. Des tentatives plus ou moins heureuses ont été faites pour commencer cette grande œuvre. En 1856, la déclaration jointe au traité de Paris, en abolissant la course, posait d'importantes règles de droit maritime international. Elle admettait que le pavillon couvre la marchandise, que la marchandise neutre n'est pas saisissable à bord des navires ennemis et que les blocus doivent être effectifs. Durant la guerre de sécession, le président Lincoln faisait rédiger par le professeur Lieber des instructions pour les armées en campagne de l'Union américaine. Ces instructions sont en quelque sorte la première codification des lois de la guerre continentale. En 1864, la célèbre convention de Genève proclamait le principe de la neutralité des ambulances et autres établissements hospitaliers. Plus tard, le traité de Washington conclu entre la Grande-Bretagne et les États-Unis d'Amérique, posait trois grandes règles sur les obligations des neutres, et il était convenu que l'adoption en serait proposée à toutes les autres nations. Enfin, en 1874, sur l'initiative du gouvernement russe, des délégués de tous les États se sont réunis à Bruxelles, pour délibérer sur un projet de Code relatif aux relations internationales en temps de guerre.

Deux jurisconsultes ont essayé de jeter les bases de ce grand travail de codification. M. Bluntschli, dans son ouvrage intitulé : *Le droit international codifié*, a donné, sous forme d'articles de lois, les règles de droit international qui résultent des traités ou qui paraissent consacrées par les usages des peuples civilisés. En Angleterre, M. Dudley-Field, dans son esquisse d'un Code de droit international, a, de son côté, codifié les règles du droit qu'il voudrait voir admises entre les nations.

Dans tous les pays, des sociétés permanentes de la paix ont été fondées pour favoriser ce mouvement ; et, en 1873, l'Institut de droit international de Gand a été établi pour s'occuper de ces grands problèmes.

Que faut-il penser de tous ces généreux projets ? Est-il à désirer qu'au lieu de laisser chaque nation libre, en cas de contestation, de choisir des arbitres *ad hoc*, un tribunal permanent, appelé à statuer sur tous les litiges internationaux, soit constitué ? Ne rencontrera-t-on pas une vive résistance de la part des nations indépendantes à la souveraineté desquelles une juridiction de ce genre peut sembler porter atteinte ? Doit-on croire que toutes les contestations pourront être tranchées par un arbitrage ? N'y en a-t-il point qui, par leur nature même, telles que celles qui touchent à l'honneur, à la dignité des nations, à l'intégrité de leur territoire, ne sauraient être ainsi résolues ? Enfin quelle idée doit-on se faire du projet de codification du droit des gens? Est-ce un projet réalisable, malgré la diversité des intérêts qui divisent encore si profondément les peuples? Les concurrents devaient exprimer leurs opinions sur tous ces graves problèmes, en cherchant à appuyer leurs doctrines, non-seulement sur le raisonnement, mais surtout sur les faits historiques.

Leur œuvre ne devait pas être terminée avec l'examen de tout ce qui concerne l'arbitrage international et la codification du droit des gens. En admettant qu'on parvienne un jour à constituer un tribunal permanent, une grave difficulté se présentera. Comment pourra-t-on assurer l'exécution de ses jugements? Pour les jugements rendus entre les individus, il y a une autorité supérieure qui y pourvoit. Une autorité supérieure imposant aux nations l'exécution des jugements d'un tribunal arbitral, semblerait violer leur souveraineté. Mais alors faut-il s'en remettre simplement au pouvoir de l'opinion publique pour garantir l'exécution des sentences de ce tribunal? Si l'on doute entre les États de la puissance de cette force toute morale qu'on appelle cependant la reine du monde, faudra-t-il admettre que toutes les nations se réuniront, pour imposer par la force matérielle l'obéissance à l'État récalcitrant? Ce dernier parti n'offre-t-il pas le danger de faire ériger en règle l'intervention de tous les gouvernements et de substituer les guerres générales aux guerres particulières?

LYON-CAEN.

Paris, 1er août 1876.

INTRODUCTION

Lorsqu'il s'agit de traiter un sujet très-vaste et peu défini, on doit craindre de s'abandonner aux entraînements de l'imagination. L'esprit de chacun de nous est, en effet, porté à aimer les conceptions nouvelles et les créations ingénieuses. Ce penchant irrésistible a fait quelquefois la réputation des poëtes ; il a toujours, à coup sûr, causé la perte des philosophes et des publicistes. Bacon conseillait à ceux qui veulent observer le monde physique ou moral, de mettre à leurs pieds des « semelles de plomb. » Cette idée, sous une forme bizarre, est pleine de justesse. Les savants qui travaillent à régler les rapports entre les hommes, et à plus forte raison entre les nations, doivent résister aux fantaisies et aux caprices de leur esprit. Rien n'est plus aisé, sans doute, même pour un talent ordinaire, de formuler des théories brillantes et ingénieuses ; mais quels services peut retirer l'humanité de ces systèmes proposés sans réflexion, qui ne sauraient se maintenir en face de la réalité.

Dans le domaine du droit et de la législation, il ne faut pas craindre d'allier la pratique à la théorie, et celui qui propose une solution, doit, avant tout, tenir compte du milieu dans lequel il vit. Hors de là, tout est erreur et insuccès. C'est pour avoir méconnu ces préceptes si souvent répétés, que plusieurs auteurs s'occupant des questions actuelles du droit international, ont mérité, par leurs illusions généreuses, mais vaines, le nom de *rêveurs*. Avec quel étonnement ces novateurs ont vu repousser dans la pratique leurs panacées universelles qui devaient ramener le monde aux temps de l'âge d'or.

Ils devaient cependant prévoir cet échec. Pourquoi n'avaient-ils pas voulu considérer les choses sous leur véritable jour et tenir compte des faits? Ils avaient sans doute trouvé plus commode et plus brillant de lâcher la bride à leur esprit d'invention.

La froideur avec laquelle le public a reçu leurs utopies leur a-t-elle ouvert les yeux? Malheureusement, je crains bien que cette sévère leçon ne leur ait pas profité. Écoutez-les dans leurs écrits postérieurs, et vous les entendrez reprocher aux peuples leur sottise et aux gouvernements leur indifférence.

Les vrais coupables sont les souverains qui, suivant

eux, n'ont pas voulu, par calcul intéressé, faire le bonheur de leurs sujets. Injustes et inutiles récriminations qui déconsidèrent les causes les plus généreuses et qui répandent dans la foule des sentiments de haine! Avec plus de sens pratique et moins de vides déclamations, ces fougueux écrivains auraient pu rendre de réels services à la civilisation.

Des auteurs mieux inspirés ont évité cet écueil : ils ont pensé qu'il fallait simplement chercher à améliorer le sort de l'humanité dans la mesure du possible. Eux aussi ils souhaitent de voir s'accomplir des réformes devenues nécessaires, mais ils n'espèrent pas tout transformer d'un seul coup de baguette. Ils savent qu'il faut tenir compte des mœurs et des préjugés des peuples, et ils renoncent à arriver immédiatement à l'état de perfection.

Au milieu de ces courants d'opinions si différentes, au milieu de ce choc de théories si opposées, il est quelquefois bien difficile de saisir la vérité et de formuler un jugement. Cependant le but de notre travail est précisément de constater ce qui a été fait et ce qui reste à faire pour maintenir la paix dans les relations des peuples. Nous n'avons pas à construire de nouvelles théories, notre mission se borne à examiner à quel point est arrivée la grande question de l'arbitrage. Étudier les diverses propositions qui se rapportent à notre matière, accepter celles qui sont pratiques et sages, repousser celles qui, de loin ou de près, ressemblent à des utopies, demander à l'histoire d'utiles renseignements sur tous les points et enfin formuler des conclusions pour résumer ce court aperçu, telle sera notre manière de procéder.

Heureux si nous entrons par cette voie dans les vues de celui qui a soumis cette question à notre étude et si nous pouvons, par nos recherches et nos appréciations, contribuer à assurer le bonheur des peuples dans la paix et l'amour !

CHAPITRE PREMIER

APERÇU GÉNÉRAL SUR LA QUESTION

Dans l'étude de toute question morale et sociale, on est amené à adopter un certain plan, qui résulte pour ainsi dire de la force même des choses. L'écrivain qui veut, en effet, avoir une idée complète et profitable sur un problème de la philosophie ou du droit, doit se demander quelle route l'humanité a jusqu'ici parcourue, à quel point elle est arrivée, quel but elle doit encore chercher à atteindre. Poser ces questions et essayer de les résoudre, c'est déjà proclamer la belle théorie du progrès de l'esprit humain. Cette tendance, qui pousse l'humanité sans cesse en avant, apparaît dans toute sa force à propos de la question que nous allons traiter.

A l'origine, tout est confus et obscur : les peuples comme les individus ne respirent que le pillage et le meurtre. L'indépendance, la souveraineté des nations, leur égalité, tous ces fondements nécessaires du droit international, restent encore cachés à tous les regards.

Quels spectacles tristes et désolants s'offrent en ces temps malheureux à l'historien ou au philosophe qui porte ses regards en arrière. Cependant cet état barbare ne peut toujours durer.

Peu à peu, sous l'influence des croyances religieuses et des principes de morale qui sont répandus par quelques hommes d'élite, les mœurs s'adoucissent, les intelligences s'élèvent, les sentiments généreux du cœur se développent, les notions du droit commencent même à se dégager. Mais ce progrès ne s'accomplit pas sans lutte ; ceux qui veulent répandre la lumière trouvent une grande résistance dans les préjugés grossiers et dans les instincts sauvages de la foule.

Après des hésitations bien longues et des catastrophes terribles, la cause de la civilisation triomphe et fait sentir partout ses bienfaits. Les peuples ont compris enfin qu'ils sont faits pour s'aider et non pour se nuire, pour s'aimer et non pour s'égorger. La guerre continue par la force des choses, mais elle est considérée comme le plus grand fléau qui désole la terre. C'est à ce point qu'est parvenue aujourd'hui l'humanité. Sans doute les haines entre les divers pays n'ont pas disparu complétement, sans doute des guerres atroces sèment trop souvent encore le deuil et les ruines ; mais un grand progrès est accompli : tout recours aux armes est mal accueilli. Quels résultats importants la cause de la paix a-t-elle obtenus dans la pratique ? L'histoire de la diplomatie nous fournira la réponse et nous montrera que tous les efforts ne sont pas restés infructueux.

Nos recherches néanmoins ne s'arrêteront pas là ; nous examinerons si on peut avoir confiance dans l'avenir et si les idées de paix doivent un jour obtenir un triomphe plus éclatant.

Mais comment ne pas croire à l'avénement d'une ère nouvelle à la vue de ce grand mouvement qui tend à fortifier les liens entre les peuples ! Déjà depuis longtemps la loi de l'échange avait forcé les nations à se rapprocher et à se communiquer leurs richesses ; mais combien cette solidarité a grandi, grâce aux belles découvertes qui sont l'honneur de notre siècle ! Comment l'égoïsme de chaque pays ne serait-il pas affaibli à une époque où l'électricité met les intelligences en relations continuelles malgré la distance, tandis que la vapeur transporte en quelques heures les individus d'un point à l'autre du globe. Aussi quelle perturbation et quel effroi cause de nos jours dans le monde entier la nouvelle d'une guerre ! Si autrefois les belligérants souffraient seuls des conséquences de leurs fautes, aujourd'hui les nations neutres elles-mêmes voient, par un contre-coup nécessaire, leur développement s'arrêter et leur prospérité diminuer aux premières hostilités.

Les philosophes et les jurisconsultes, justement émus de cet état de choses, se sont mis à l'œuvre et ont employé les ressources fécondes de leur expérience et de leur savoir à régler et à adoucir les rapports entre les États. Les uns ont cru qu'il était possible de faire disparaître absolument la guerre ; les autres, moins confiants, ont cherché seulement à la rendre plus humaine et plus rare. Nous aurons à apprécier la part que les uns et les autres ont eue dans cette difficile entreprise et quels succès ils ont obtenus dans la pratique. Pour arriver à ce but, nous étudierons notre question dans le passé, dans le présent et enfin dans l'avenir.

CHAPITRE II

DU PASSÉ

LES IDÉES DES ROMAINS ET DES GRECS SUR LA GUERRE. — LES FÉCIAUX. — LE TRIBUNAL DES AMPHICTYONS. — LE SAINT-SIÉGE ET L'EMPIRE. — L'ÉQUILIBRE EUROPÉEN. — LES PREMIERS ESSAIS D'ARBITRAGE.

Nous allons à grands traits esquisser l'histoire des temps passés, afin de constater sous quels caractères se sont présentées jusqu'au commencement de ce siècle les relations entre les peuples.

Dans le cours de cette étude, de tristes spectacles, il faut l'avouer, s'offrent aux regards : partout la force brutale domine, partout le droit est méconnu. Cependant, en examinant les choses de plus près, l'écrivain peut déjà trouver en germe, au milieu de ce cahos, les idées généreuses qui aujourd'hui s'imposent à tous les esprits.

De temps en temps, la sagesse ou l'intérêt persuade aux princes de ralentir cet élan qui entraîne les hommes à la guerre. Des rois iront très-loin dans cette voie, ils espéreront même amener les Etats civilisés à mettre bas les armes et à régler leurs différends par des moyens pacifiques.

Les jurisconsultes et les publicistes ne voudront pas rester en arrière, et ils formuleront des principes qui seront recueillis avec profit par les générations suivantes.

Les idées des Grecs et des Romains. — Les relations des peuples. — Les féciaux. — Le tribunal des amphictyons. — Dans l'antiquité, le droit des gens n'existe nulle part. Par un contraste frappant, on voit les hommes gouvernés par des lois très-sages à l'intérieur des cités ou des empires, tandis que les relations entre les peuples restent abandonnées au hasard. Demandez aux Grecs ce qu'ils pensent des Perses, ils vous répondront que ce sont des barbares (*οἱ βαρβαροί*). Les romains ne disent pas autre chose sur le compte des peuples voisins ; pour eux, les Gaulois sont des *hostes* (ennemis), contre lesquels la violence et la perfidie sont recommandées.

Toutefois la Grèce, supérieure à Rome par les arts et la culture littéraire, le fut aussi par la sagesse. Sans doute elle n'eut pas la gloire de poser les fondements d'une législation internationale, mais elle chercha à diminuer dans une certaine mesure les causes des conflits. Les rapports entre les Etats grecs furent toujours soumis à des règles précises, il y avait même entre eux une sorte de confédération bien organisée. Une querelle venait-elle à surgir entre deux cités, à propos d'un dommage ou d'une injure, l'affaire était portée devant le tribunal des amphictyons qui souvent empêchait le recours aux armes en prononçant une sentence ou en proposant un arrangement. Cette haute juridiction servit donc la cause de la paix, mais elle n'essaya pas d'empêcher les conflits entre les Hellènes et les peuples d'une autre race. Jamais les Etats Grecs n'auraient consenti à traiter sur un pied d'égalité des peuplades qu'ils croyaient inférieures à eux par l'intelligence et les vertus.

Quant aux Romains, ils n'arrivèrent jamais à des conceptions aussi élevées ; ils étaient préoccupés avant tout de régner en maîtres sur les peuples de l'Italie. Comment ces superbes conquérants auraient-ils consenti à courber leurs fronts pleins de fierté devant la sentence de quelques sages ! Rome ne cessa donc d'être en lutte avec les autres pays, jusqu'au jour où elle fut à son tour écrasée par ces races barbares qu'elle avait d'abord méprisées. Dans les institutions romaines, on trouve bien quelques règles sur les déclarations de guerre ; on voit même que des personnages revêtus de certaines dignités, devaient accomplir des solennités sur la frontière ennemie, mais ces usages dérivaient de la religion et non du droit. Les féciaux n'eurent jamais mission d'examiner les motifs de la guerre, de s'ériger en juges et, à plus forte raison, de proposer des solutions pacifiques. Les Romains, soldats par nature, ne pouvaient désirer la suppression de ces expéditions lointaines qui leur apportaient les richesses du monde entier et qui leur procuraient des esclaves nombreux pour l'industrie et la culture des terres.

Les temps des invasions barbares — Pendant les siècles qui sont troublés par les invasions des barbares, la confusion la plus profonde règne en tous pays, et la notion du droit semble absolument étouffée. La force et la ruse décident de tout.

Le moyen âge. — Au moyen âge, deux grandes puissances cherchèrent, moins par amour de la paix que par désir de domination, à arrêter l'effusion du sang. La papauté et l'empire, pour assurer leur prépondérance, s'érigèrent en juges souverains des conflits qui menaçaient de troubler soit l'ordre intérieur des Etats, soit les relations entre les peuples (1).

(1) On ne peut voir dans les sentences des Papes et des Empereurs des décisions d'arbitres : ces deux grands pou-

La juridiction des papes. — Les papes furent de bonne heure appelés à jouer ce rôle. Ils étaient les représentants de Dieu sur la terre et ils régnaient en maîtres sur les consciences ; ils pensèrent donc qu'ils avaient le droit de s'occuper de toutes les affaires de ce monde. Ils organisèrent un tribunal suprême devant lequel les nations et les souverains devaient venir exposer leurs griefs. Quelquefois ils amenaient les parties à se faire des concessions réciproques ; le plus souvent ils prononçaient de véritables sentences. Pour faire exécuter leurs décrets, ils avaient des armes redoutables qu'ils empruntaient à la religion ; ils frappaient d'excommunication les princes qui essayaient de leur résister. L'histoire nous donne de nombreux exemples de ces décisions rendues par les papes dans des circonstances variées. En 1493, des difficultés s'élevèrent entre divers Etats : il s'agissait de savoir à qui appartiendraient les terres découvertes par Cristophe Colomb et Vasco de Gama. Alexandre VI cita les revendiquants à la barre de son tribunal, examina les prétentions invoquées de part et d'autre, et donna raison à l'Espagne et au Portugal. Cette sentence si importante ne souleva aucune pro-

voirs tranchaient toutes les questions, en vertu d'un droit supérieur qu'ils prétendaient tenir de Dieu, ils agissaient véritablement en maîtres du monde.

testation, tant était considérable le prestige de la Cour de Rome !

Mais cette haute juridiction ne pouvait se maintenir longtemps, elle devait venir se briser contre deux obstacles redoutables : la réforme religieuse et la résistance des princes.

Les Etats de l'Europe qui avaient accepté les doctrines nouvelles ne pouvaient, en raison, reconnaître les décisions d'une autorité qui n'avait plus pour eux aucune signification.

D'un autre côté, les souverains eux-mêmes, s'appuyant sur leurs sujets, cherchaient à repousser un contrôle gênant pour leurs actes politiques. A plusieurs époques, on les vit refuser de soumettre à l'appréciation du Saint-Siége des affaires dans lesquelles leur honneur et leur indépendance étaient engagés. On connaît les luttes si vives entre Rome et les grandes maisons de l'Europe et les coups terribles qui furent portés à la puissance des papes. Les armes religieuses, qui avaient autrefois inspiré la crainte aux populations, ne pouvaient plus abattre les révoltés. En face de l'affaiblissement des croyances et de l'opposition des princes, les chefs de l'Eglise devaient retirer leurs prétentions à vouloir être des juges souverains du monde.

Le rôle de l'empire d'Allemagne. — Les empereurs d'Allemagne, reprenant les traditions de l'empire romain, voulurent régler à leur tour les rapports entre les Etats et maintenir la paix dans le monde. Eux aussi, ils s'attribuaient la connaissance de tous les différends et se vantaient d'imposer partout leur façon de voir. Mais ils devaient succomber plus vite encore que les papes, car ils n'avaient pas pour eux cette force que donne la direction des consciences, et ils rencontraient des princes puissants qui refusaient d'accepter un joug quelconque. « La suzeraineté laïque des empereurs « sur la chrétienté fut, dit un auteur (1), encore « moins reconnue que la suzeraineté ecclésiastique « des papes. Ils ne réussirent pas même à empêcher « en Allemagne et en Italie les seigneurs, petits et « grands, de troubler la paix intérieure par des luttes « incessantes. »

Le système de l'équilibre européen. — Par suite de l'effacement de la papauté et de la ruine de l'empire, aucune puissance n'existait plus désormais en Europe pour apaiser les querelles des peuples et pour arrêter l'ambition des princes. On allait donc assister de nouveau à des luttes sanglantes qui menaçaient de bouleverser le monde et de retarder la civilisation.

(1) Bluntschli, *Droit international codifié*, p. 17. Introd.

Ces craintes amenèrent les nations à adopter d'un commun accord une politique nouvelle qui a persisté jusqu'à nos jours avec des alternatives de succès et d'échecs. Les gouvernements comprirent que pour conserver leur indépendance et l'intégrité de leur territoire, ils devaient exercer les uns sur les autres une surveillance réciproque et défendre par tous les moyens le maintien de l'état de choses existant. Si une nation s'avisait de vouloir étendre sa domination et d'écraser des pays trop faibles pour résister, les autres Etats intervenaient alors et la forçaient de mettre bas les armes. « Les nations, dit « Fénelon, sont tellement liées par leurs intérêts les « unes aux autres et au gros de l'Europe, que les « moindres progrès particuliers peuvent altérer ce sys- « tème général, qui fait l'équilibre et qui peut seul « faire la sécurité publique. »

Ainsi dans cette politique, l'intérêt de chaque Etat est la sauvegarde de la paix générale.

Déjà depuis longtemps suivie dans la pratique, cette théorie fut consacrée formellement dans le traité de Westphalie (1648). Elle prévint bien des injustices et des violences, en s'opposant aux entreprises des conquérants. C'est pour n'avoir pas tenu compte de cette force nouvelle qui dirigeait la politique de tous les cabinets, que Louis XIV, après avoir atteint le faîte de la puissance, vit les dernières années de son règne attristées par des désastres irréparables.

Cependant, le système de l'équilibre ne rendit pas à la cause de la paix tous les services qu'il promettait à son aurore. On vit des Etats chercher à abattre, au nom de la sécurité générale, des puissances rivales, afin d'assurer à leur tour leur domination sur l'Europe entière. Par suite de ces abus, que l'histoire a flétris, la doctrine de l'équilibre européen se discrédita et fut mise de côté jusqu'au moment où elle prit une nouvelle force en se transformant.

Les premiers essais d'arbitrage. — Si la politique intéressée de divers Etats préserva parfois l'Europe de crises violentes, la sagesse de quelques princes arrêta souvent des peuples prêts à en venir aux mains. Il ne faut pas croire, en effet, que la pensée de soumettre les différends entre nations à la sagesse d'un juge désintéressé, plutôt qu'au sort toujours incertain des armes, soit une conquête des temps modernes. Sans doute, depuis un demi-siècle, cette idée a été affirmée avec plus de netteté et a reçu une plus grande application, mais elle avait déjà fait son apparition à des époques fort éloignées de nous.

Dans le monde moral, il faut bien le reconnaître, les découvertes ne se font pas tout à coup : c'est par des transformations lentes et successives que l'intelligence des peuples est parvenue à enfanter ces merveilleuses institutions que nous admirons chaque jour. Aussi nous devons rendre hommage à ces chefs d'Etat éclairés qui, au milieu de la barbarie la plus complète, marchant devant leur siècle, avaient déjà compris quelles étaient les véritables destinées de l'humanité. Moins préoccupés de leurs propres intérêts que de la félicité de leurs sujets, ils préféraient faire quelques concessions, plutôt que de répandre inutilement le sang. La postérité doit une marque de reconnaissance à ces esprits élevés; car il est toujours bien difficile à un homme de dominer les préjugés de son temps et de son pays.

Dès le XIIIe siècle, cette tendance qui poussait les souverains à terminer les difficultés par des voies pacifiques se révélait, dans diverses occasions, d'une façon remarquable. A plusieurs reprises, des princes, des jurisconsultes, les papes sont appelés à se prononcer entre les prétentions opposées qu'élèvent deux peuples.

Les cas dans lesquels on a recours à des sentences d'arbitres sont très-variés. Quelquefois, il s'agit seulement d'arriver à la fixation d'une indemnité à raison d'un dommage causé. C'est ainsi qu'en 1546, les rois de France et d'Angleterre convinrent de se soumettre à la décision de quatre jurisconsultes, au sujet d'une somme de cinq cent douze mille livres. Quelquefois l'intérêt engagé est plus considérable: il s'agit par exemple de fixer les limites d'un territoire. De semblables questions avaient une importance considérable à une époque où les frontières naturelles jouaient un grand rôle dans la défense d'un pays. L'histoire nous montre, en 1570, le roi d'Espagne et les Suisses s'engageant à remettre à des arbitres le soin de régler les limites de la Franche-Comté.

On alla plus loin encore dans cette voie ; on en vint à terminer par des voies pacifiques des affaires qui touchaient à la puissance et à l'honneur des Etats. Nous savons que l'archiduc d'Autriche et le duc de Wurtemberg, ayant des prétentions sur le comté de Montbéliard, ne craignirent pas de venir exposer le litige devant le Parlement de Grenoble. Comment ne pas admirer la conduite si sage des souverains de cette époque, lorsqu'on voit de nos jours encore des motifs bien plus frivoles et bien plus légers, entraîner des luttes épouvantables !

Avant d'éloigner nos regards des siècles passés, pour contempler les progrès réalisés par les générations modernes, il n'est pas sans intérêt de fixer notre attention sur un traité important qui fut, pour ainsi dire, le commencement d'une ère nouvelle.

A la suite de la guerre terrible qui arracha les colonies anglaises d'Amérique au joug trop dur de la Métropole, des négociations furent entamées entre les Etats-Unis et l'Angleterre dans le but de déterminer les limites de chaque territoire. Par un traité (1793), il fut convenu que la frontière des Etats-Unis serait limitée au nord-est par la ligne médiane tracée dans la rivière de Sainte-Croix. Bientôt des difficultés s'élevèrent sur l'interprétation de cet acte : on ne s'entendait pas sur l'étendue et le parcours de la rivière qui avait été désignée. A la date du 19 novembre 1794, intervint un traité qui fait le plus grand honneur aux gouvernements qui le signèrent. Aux termes de l'article 5, la difficulté était renvoyée pour être finalement décidée par des commissaires, nommés de la façon suivante : un commissaire était désigné par Sa Majesté Britannique, un autre par le président des Etats-Unis, d'après et avec l'avis et le consentement de leur sénat. Les deux commissaires devaient se concerter sur le choix d'un troisième, en cas de partage. Le même traité instituait deux autres commissions chargées de vérifier les indemnités dues par chacun de ces gouvernements aux sujets de l'autre pour dommages causés et pour prises de vaisseaux et de marchandises.

J'ai tenu à donner des détails sur ce traité, parce qu'il pose le principe de l'arbitrage avec netteté et entre dans une réglementation très-précise de la procédure. Nous trouverons dans les temps les plus récents des arrangements qui reproduiront presque toutes ces dispositions. Ainsi nous pouvons voir dans cette Convention de 1793 un acheminement vers les idées modernes. Elle est, pour ainsi parler, le trait d'union entre le passé et le présent, elle fait oublier les souvenirs de la barbarie en montrant déjà l'origine de ce grand mouvement qui devait transformer le droit international.

CHAPITRE III.

DU PRÉSENT

LA SAINTE-ALLIANCE. — LA MÉDIATION. — L'ARBITRAGE. — LES GRANDS FAITS HISTORIQUES RELATIFS A LA QUESTION.

Sous l'influence des philosophes français et allemands, nous avons constaté qu'au siècle dernier les idées pacifiques avaient fait un grand pas, et que des résultats heureux avaient été obtenus dans la pratique. Ce fut sous ces auspices favorables que s'ouvrit le XIXe siècle qui devait montrer aux peuples civilisés des voies complétement nouvelles.

L'aurore des temps modernes, il faut l'avouer, ne fut pas brillante : le sang coulait sur les champs de bataille, les ruines s'amoncelaient et les guerres sévissaient sans relâche, et avec les défaites naissaient ces haines terribles qui devaient mettre entre les nations des barrières insurmontables. Il semblait qu'on allait retourner aux temps de la barbarie ; les philosophes eux-mêmes perdaient toute confiance.

Mais les idées qui reposent sur la justice et la vérité sont tellement puissantes que rien ne saurait prévaloir contre elles. Sans doute elles peuvent être comprimées quelque temps, mais elles parviennent toujours à surmonter les obstacles et à assurer leur triomphe.

Après des luttes qui avaient duré plus de vingt années, l'Europe fatiguée aspirait au repos. Les traités de 1815 devaient amener cette trêve si ardemment désirée.

La Sainte-Alliance. — Au lendemain des négociations de Vienne qui avaient donné à la France ses limites de 1790 et organisé les Etats secondaires de l'Europe, suivant les intérêts et les passions du moment, les grandes puissances signataires se crurent obligées de porter dans le domaine de la politique « des préceptes de justice, de charité et de paix. » (1) Le 26 septembre 1815, l'empereur d'Autriche François II, le roi de Prusse Frédéric-Guillaume III et l'empereur de Russie, signèrent le traité de la Sainte-Alliance. Les

(1) Calvo, *Droit international*, t. I, p. 64.

puissances signataires devaient s'inspirer de la religion et de la morale dans les relations internationales, assurer le respect des grands principes du droit et réprimer toutes les violences. Ces promesses étaient brillantes; mais l'apparence était trompeuse. Derrière ce magnifique programme se cachaient des passions étroites et de mesquines rancunes. Le but poursuivi par la Sainte-Alliance ne devait pas tarder à se révéler. Le traité dit d'alliance perpétuelle (20 novembre 1815) laissa voir les véritables intentions. Les grandes puissances devaient veiller à la sécurité de l'Europe, en réprimant toute tentative d'insurrection et en étouffant partout les aspirations libérales. Les décisions prises dans le congrès de Troppau, de Laybach et de Vérone dissipèrent toutes les illusions. Les interventions violentes à Naples et en Espagne indiquèrent nettement l'œuvre que poursuivait la pentarchie européenne. Veiller au maintien du système monarchique et assurer la prédominance de quelques grands Etats sur le reste de l'Europe, tel fut le plan suivi jusqu'en 1823, époque à partir de laquelle la Sainte-Alliance tendit vers le déclin.

Cette union de cinq grandes puissances aurait pu exercer une salutaire influence et s'attirer la reconnaissance de la postérité en arrêtant, par sa sagesse, les conflits entre les peuples : elle préféra mériter la réprobation universelle en immobilisant les Etats. Combien il eût été glorieux cependant d'assurer le maintien de la paix dans le monde !

Toutefois, il faut le reconnaître, la jalousie réciproque des cinq grandes puissances eut l'avantage pendant un demi-siècle de prévenir des luttes terribles en mettant l'ordre de choses établi à l'abri de toute atteinte.

Les efforts faits au commencement du siècle en faveur de la paix. — Profitant de la tranquillité relative qui régnait en Europe depuis 1815, les philosophes et les publicistes crurent le moment venu de reprendre en main la cause de l'humanité en s'élevant contre la guerre au nom de la justice et de l'utilité générale. Des systèmes furent présentés, on formula des théories qui avaient pour but de terminer les conflits, non par la force brutale des armes, mais par des voies pacifiques. Le public resté jusqu'alors indifférent et quelquefois hostile à ce qu'il regardait comme une utopie, s'enflamma pour la solution de ce grand problème.

Les efforts des savants et les manifestations de l'opinion publique ne restèrent pas sans influence sur la marche des affaires et l'attitude des diplomates. Nous voyons à des époques très-voisines de nous des questions délicates et embrouillées terminées par des arrangements amiables. Sans doute même dans les temps modernes nous rencontrons des luttes longues et sanglantes ; mais ces événements déplorables ne sauraient ralentir notre zèle, ils nous excitent, au contraire, à chercher les moyens les plus sûrs et les plus pratiques pour éviter le retour de semblables désastres. C'est à cette étude que nous allons maintenant nous attacher. Nous tiendrons, dans cet aperçu, un grand compte des faits, car ils nous donneront la possibilité d'apprécier utilement tous les systèmes qui ont été présentés.

Les divers moyens de terminer amiablement les difficultés entre les peuples.— Lorsqu'une contestation surgit entre deux peuples, elle peut recevoir plusieurs solutions. D'abord elle peut être décidée par le sort des armes ; en pareil cas, nous n'avons à formuler aucune règle, car le hasard seul dispose de tout. Elle peut aussi être terminée par des voies pacifiques, et alors nous tombons dans l'examen de questions très-variées et très-délicates.

Les procédés, pour arriver à une issue pacifique, sont fort nombreux.

Des congrès d'Etats peuvent, soit de leur propre volonté, soit avec l'assentiment des parties contestantes, se saisir de la connaissance du litige et rendre une décision qui le plus souvent sera exécutoire par les armes. Nous avons eu, dans le cours de ce travail, l'occasion de dire notre opinion sur cette immixtion de quelques puissances dans les affaires des autres nations de l'Europe et nous avons indiqué tous les abus qu'elle portait en elle.

La médiation et l'arbitrage. — A côté de ce remède, suivant nous, plus dangereux que le mal lui-même, nous rencontrons deux autres moyens proposés pour mettre fin aux conflits : l'arbitrage et la médiation. Ces deux partis que recommande la sagesse, ont pris de nos jours un si grand développement, ils ont amené des résultats si satisfaisants, qu'ils doivent être examinés avec une attention particulière. Mais avant d'étudier en détail ces procédés et de les apprécier dans leur fonctionnement, il est utile de les définir avec soin et de les séparer l'un de l'autre, afin d'éviter des erreurs trop souvent faites par les écrivains.

Il y a médiation lorsqu'une difficulté étant survenue entre deux Etats, une nation amie présente ses bons services, afin de donner les bases d'un arrangement amiable ou d'une réconciliation.

La médiation peut être offerte spontanément, ou bien elle peut être sollicitée soit par l'une des parties, soit par les deux à la fois. Deux nations peuvent même s'engager pour le cas où une difficulté s'élèverait entre elles, à demander la médiation d'une nation neutre avant de recourir à la force.

Il y a arbitrage lorsque deux nations étant en désaccord sur une question de droit, conviennent de porter la difficulté devant un tribunal arbitral et d'accepter sa décision.

Dans la médiation, le tiers a pour mission de préparer un arrangement; dans l'arbitrage, il remplit les fonctions d'un véritable juge. M. Calvo (1) a bien indiqué les dissemblances entre la médiation et l'arbitrage : « Le but de la médiation, dit-il, est de concilier les in-« térêts divergents, et de suggérer les bases d'une en-« tente amiable, mais en laissant aux parties directe-« ment en cause toute liberté pour se rallier ou non à « la transaction proposée. C'est ce caractère suspensif « et non absolument obligatoire de ses effets qui dis-« tingue avant tout la médiation de l'arbitrage. »

Le médiateur doit garder la plus grande impartialité entre les deux parties, il doit employer son autorité à amener une réconciliation, mais il ne peut pas user de menaces.

Nous allons nous occuper d'abord de la médiation.

L'Application de la médiation dans les événements modernes — Cette intervention officieuse et amicale qui cherche à empêcher l'effusion du sang, n'est pas chose nouvelle. Elle se produisit dans plusieurs circonstances assez remarquables et quelquefois même avec succès, à des époques fort éloignées de nous.

(1) Calvo, *Droit international*, t. I, p. 788.

Au commencement du siècle, elle reçut d'importantes applications. C'est ainsi qu'en 1812, le gouvernement russe offrit sa médiation pour mettre fin à une contestation qui menaçait d'amener la guerre entre l'Angleterre et les Etats-Unis.

Toutefois cette tentative ne fut pas très-heureuse, car les bons services de la Russie ne furent pas acceptés par l'Angleterre. Le Czar réussit mieux dans l'arrangement qu'il proposa aux mêmes puissances, relativement à une clause du traité de Gand, qui réglait la restitution des esclaves fugitifs ou capturés. Malgré ces exemples très-saillants, on peut dire que la théorie de la médiation ne fut nettement posée et ne prit tout son développement que dans la seconde moitié de ce siècle.

L'expédition de Crimée venait de se terminer : elle avait atteint son but, en arrêtant dans ses projets de conquête la puissance russe. Mais cette guerre longue et acharnée avait causé un grand trouble en Europe. Les nations victorieuses elles-mêmes avaient senti leur prospérité arrêtée un instant ; elles avaient vu sacrifier avec peine tant d'hommes et tant d'argent !

L'opinion publique était justement inquiète, elle redoutait de voir se produire de nouveau des luttes que le progrès de la science et de l'art militaire devait rendre encore plus épouvantables. Les gouvernements partageaient ces craintes et cherchaient le moyen de garantir la paix dans l'avenir. Ces préoccupations se manifestèrent dans le congrès qui se réunit à Paris pour régler la situation respective de la Russie et de la Turquie, et elles amenèrent la rédaction du fameux article 8 du Traité de Paris, 1856 (1).

Aux termes de cette disposition : « S'il survenait entre la sublime Porte et l'une ou plusieurs autres des puissances signataires un dissentiment qui menaçât le maintien de leurs relations, la sublime Porte et chacune de ces puissances, avant de recourir à l'emploi de la force, mettront les autres parties contractantes en mesure de prévenir cette extrémité par leur action médiatrice. »

Ainsi cet article établissait le principe d'une sorte de préliminaire de conciliation par lequel devaient passer les nations avant de recourir à l'emploi de la force. Mais remarquons que cette clause, qui offrait des garanties assez sérieuses à la tranquillité de l'Europe, n'avait pas une portée très-grande, elle n'était obligatoire que pour les puissances signataires du Traité de Paris.

Le vœu du Congrès de Paris relatif à la médiation. — Cependant, le résultat heureux qu'on avait atteint, encouragea les partisans de la paix à affirmer

(1) De Clercq, *Recueil des Traités de France*, t. VII, p. 65

leurs idées d'une façon plus décisive. Profitant des bonnes dispositions des représentants des grandes puissances, la société des Amis de la Paix de Londres résolut de faire une démarche auprès des plénipotentiaires réunis, afin d'amener la proclamation d'une règle générale applicable à tous les peuples. Les délégués, Henri Richard et Joseph Sturge, vinrent prier le représentant de l'Angleterre de faire insérer dans la Convention, une clause en faveur de la solution amiable des difficultés survenues entre nations. Cédant à ces sollicitations, et écoutant aussi ses propres sentiments, M. le comte de Clarendon offrit à la Conférence de rédiger une déclaration favorable au maintien de la paix. Nous ne pouvons mieux faire que de rappeler ici en la résumant la discussion qui s'engagea à ce propos ; nous apprendrons ainsi de la bouche même des plénipotentiaires quel est le véritable sens et quelle est l'étendue de la résolution adoptée par les représentants des grandes puissances (1).

« M. le comte de Clarendon ayant demandé la per-
« mission de présenter au Congrès une proposition qui
« lui semble devoir être favorablement accueillie, dit
« que les calamités de la guerre sont encore trop pré-

(1) Protocole n° 23 de la Conférence tenue à Paris, le 16 avril 1856, au sujet de principes de droit maritime. De Clercq, t. VII, p. 84.

« sentes à tous les esprits pour qu'il n'y ait pas lieu de « rechercher tous les moyens qui seraient de nature à « en prévenir le retour; qu'il a été inséré à l'article 8 « du Traité de Paris, une stipulation qui recommande « de recourir à l'action médiatrice d'un Etat ami avant « d'en appeler à la force, en cas de dissentiment entre « la Porte et l'une ou plusieurs des autres puissances « signataires.

« M. le Plénipotentiaire de la Grande-Bretagne pense « que cette heureuse innovation pourrait recevoir une « application plus générale et devenir ainsi une bar- « rière à des conflits qui souvent n'éclatent, que parce « qu'il n'est pas toujours possible de s'expliquer et de « s'entendre. Il propose donc de se concerter sur une ré- « solution propre à assurer dans l'avenir, au maintien « de la paix, cette chance de durée, sans toutefois « porter atteinte à l'indépendance des gouvernements. »

Le comte Walewski, représentant de la France, déclare s'associer à l'insertion d'un vœu dans le protocole « qui, répondant pleinement aux tendances de notre « époque, n'entraverait d'aucune façon la liberté d'ac- « tion des gouvernements. »

« Le comte de Buol, représentant de l'Autriche, fait « des restrictions sur l'adoption de la proposition. « Il « ne saurait, dit-il, prendre au nom de sa Cour un en- « gagement absolu et de nature à limiter l'indépen- « dance du cabinet autrichien. »

« Le comte de Clarendon répond « que chaque puis-« sance est et sera seule juge des exigences de *son* « *honneur* et de *ses intérêts*, qu'il n'entend nullement « circonscrire l'autorité des gouvernements, mais « seulement leur fournir l'occasion de ne pas recourir « aux armes toutes les fois que le dissentiment pourrait « être aplani par d'autres voies. »

« Le baron de Manteuffel, représentant de la Prusse, « assure que le roi, son auguste maître, partage com-« plétement les idées exposées par le comte de Claren-« don, qu'il se croit donc autorisé à y adhérer et à leur « donner tout le développement qu'elles compor-« tent. »

Cet enthousiasme du diplomate prussien est curieux à noter après les derniers événements ; il montre combien les paroles d'un gouvernement peuvent être en désaccord avec ses actes !

Le comte Orloff, représentant de la Russie, ne veut pas s'engager sans prendre des instructions auprès de son gouvernement.

M. le comte de Cavour, représentant de l'Italie, ayant posé quelques questions au sujet de la portée de la proposition qu'on va adopter, M. le comte de Walewski répond : « Qu'il ne s'agit, ni de stipuler un droit, ni de « prendre un engagement, que le vœu exprimé par le « Congrès ne saurait en aucun cas, aliéner la liberté « d'appréciation que toute puissance indépendante doit

« se réserver en pareille matière ; qu'il n'y a donc au-
« cun inconvénient à généraliser l'idée dont s'est ins-
« piré M. le comte de Clarendon et à lui donner la
« portée la plus étendue. »

Le comte de Cavour donne alors son adhésion.

« Après quoi MM. les plénipotentiaires n'hésitent pas
« à exprimer, au nom de leur gouvernement, le vœu que
« les Etats entre lesquels s'élèverait un dissentiment
« sérieux avant d'en appeler aux armes, eussent re-
« cours, en tant que les circonstances l'admettraient,
« aux bons offices d'une puissance amie. MM. les Plé-
« nipotentiaires espèrent que les gouvernements non
« représentés au Congrès s'associeront à la pensée
« qui a inspiré le vœu consigné au présent protocole. »

Le désir des représentants fut satisfait, car près de quarante Etats adoptèrent la clause insérée au protocole.

La déclaration faite par la Conférence réalisait un grand progrès, elle témoignait du désir qu'avaient les puissances de rendre moins fréquente la guerre ; mais elle n'avait pas un caractère obligatoire, elle formulait uniquement un vœu. Ce point ne saurait être mis en doute, il résulte clairement des paroles échangées entre les plénipotentiaires.

Aussi les publicistes et les philosophes n'ont pas manqué de faire remarquer combien il serait utile pour la tranquillité de l'Europe de transformer ce simple désir en une disposition obligatoire acceptée par les divers gouvernements. Quelle garantie considérable serait donnée à la cause de la paix, si les nations, avant d'en venir aux mains, étaient forcées de suivre une sorte de procédure, d'écouter les observations d'un peuple ami, de réfléchir sur les conséquences terribles d'une guerre follement entreprise, et si elles pouvaient entrevoir la possibilité d'un arrangement qui laisserait intacts leur honneur et leur puissance ! Plusieurs écrivains ont développé avec talent cette façon de voir, qui pourrait amener dans la pratique des avantages considérables : « Ce qui avait été exprimé « lors du Congrès de Paris, dit M. Bluntschli (1), sous « la forme d'un désir, sera peut-être élevé plus tard « au rang de devoir international. Il est exigé dans plu- « sieurs pays que les parties, avant de commencer un « procès, comparaissent devant le juge de paix pour « faire une tentative de conciliation ; le Traité de Paris « propose quelque chose d'analogue pour les conflits « internationaux. On n'empêcherait pas par là la guerre, « mais il y aurait une garantie de plus en faveur de la « paix. »

Mais nous ne devons pas rester dans le domaine toujours vague de la théorie; il nous faut mainte-

(1) Bluntschli, *Droit international codifié,* traduit de l'allemand par M. Lardy. Introd. p. 30.

nant chercher comment le vœu des puissances signataires a été respecté dans les relations diplomatiques.

Parcourant les événements les plus considérables qui se sont produits dans les dernières années, nous examinerons dans quels cas la médiation a obtenu de véritables succès, dans quels cas aussi elle a été impuissante à arrêter les belligérants. Nous saurons ainsi quelle confiance on peut avoir dans un système qui a été fort exalté par les uns, fort dénigré par les autres.

L'Affaire des duchés Danois (1864). — Les premiers essais d'application de la théorie formulée dans le protocole de 1856 ne furent pas heureux ; ils ne purent prévenir une lutte dont les conséquences ont pesé lourdement sur la tranquillité de l'Europe. Invoquant la question des nationalités que l'ambition avait enfantée et que la science condamnait, l'Allemagne se précipita sur le Danemark trop faible pour résister, et lui enleva les duchés de Schleswig, de Holstein et de Lauenbourg (1864).

Les autres nations neutres ne cherchèrent pas à empêcher cette agression injustifiable en faisant entendre la voix de la raison à la Prusse et à l'Autriche : elles restèrent spectatrices indifférentes d'une spoliation qui a été la honte des temps modernes.

La lutte de 1866 entre l'Autriche et la

Prusse. — La déclaration de 1856 devait bientôt recevoir un autre échec non moins sérieux.

Depuis longtemps la Prusse et l'Autriche aspiraient à la direction suprême de l'Allemagne : leurs prétentions rivales se manifestèrent à l'occasion des duchés Danois. L'intervention amicale d'une puissance aurait pu éviter le choc ; mais aucun gouvernement, soit par indifférence, soit par intérêt, ne voulut défendre la cause de la paix. Une campagne aussi courte qu'effroyable amena le traité du 22 août 1866, qui devait avoir une influence considérable sur les affaires de l'Europe. Par le triomphe de la Prusse et l'écrasement de l'Autriche, les Etats voisins de l'Allemagne ne pouvaient plus être en sûreté.

Malgré ces événements déplorables, l'idée de prévenir les conflits par des offres de médiation n'était pas complètement abandonnée, et elle se manifesta heureusement à l'occasion d'une affaire très-grave.

La question du Luxembourg. — Après avoir augmenté sa puissance, la Prusse chercha à la fortifier, et dans ce but elle voulut se mettre à l'abri de toute attaque imprévue. En 1867, elle revendiqua le droit de tenir garnison dans la forteresse fédérale de Luxembourg. La France se sentant directement menacée, repoussa avec vivacité une semblable prétention. Les relations diplomatiques entre les deux cabinets devinrent fort tendues : tout faisait prévoir une solution violente. Déjà les deux pays se préparaient à la guerre, déjà le gouvernement prussien réunissait un corps d'armée près de Trèves ; de part et d'autre on se disposait à la lutte.

Le péril était imminent ; heureusement l'Angleterre, fidèle aux idées qu'elle avait proclamées la première, écouta les griefs des deux peuples, et grâce à ses habiles diplomates, parvint à éloigner l'emploi de la force, en préparant les bases d'un arrangement. La question fut terminée par la Conférence de Londres, qui ordonna la démolition de la forteresse et attribua le duché de Luxembourg à la maison d'Orange, comme territoire neutre. L'Angleterre, par cette négociation, avait retardé, mais non empêché une terrible catastrophe ; quoi qu'il en soit, elle a droit à la reconnaissance de l'Europe.

Les difficultés entre la Turquie et la Grèce au sujet de l'île de Candie. — Nous allons rencontrer un conflit à l'occasion duquel les puissances signataires du Traité de Paris firent ensemble l'application immédiate du principe qu'elles avaient posé. L'importance de cet événement et les commentaires auxquels il a donné lieu, méritent un examen un peu approfondi (1).

(1) *Revue de Droit international*, p. 449, année 1870.

L'île de Candie, qui avait contribué d'une façon active à l'affranchissement de la Grèce, se vit avec peine réintégrée dans l'empire ottoman.

Bientôt une insurrection éclata, et pendant deux ans une lutte sauvage se poursuivit presque sans interruption (1866-1868). L'Angleterre posa formellement le principe de non intervention ; elle fut suivie dans cette ligne de conduite par les grandes puissances à l'exception des Etats-Unis qui offrirent leurs vaisseaux aux femmes, aux enfants et aux vieillards des insurgés. La Grèce, unie aux Crétois par des liens de reconnaissance et par la similitude du caractère, montra une certaine sympathie à la cause des révoltés qui étaient ses frères. Son gouvernement ne remplit pas les devoirs internationaux, il laissa des troupes se former sur son territoire, il permit à des vaisseaux de s'armer sur ses côtes et d'aller porter des secours aux insurgés.

Le cabinet de la Porte lança à la Grèce un ultimatum, lui reprochant d'avoir aidé et fomenté directement ou indirectement la rébellion. Le ministère grec répondit avec hauteur et amertume : les ambassadeurs furent rappelés par les deux Etats. Sur ces entrefaites, un conflit fut sur le point d'éclater dans le port de Syra entre un vaisseau turc et un navire grec, à l'occasion du bâtiment nommé *Enosis*, qui servait à ravitailler les troupes insurgées. Le représentant français en Grèce, fut assez heureux pour prévenir un commencement d'hostilités par sa fermeté et sa promptitude de résolution.

Cependant cet incident avait attiré l'attention des cours étrangères, il devenait urgent de sortir d'une situation qui était inquiétante pour la tranquillité de l'Europe. S'appuyant sur le fameux protocole du 14 avril 1856, le gouvernement prussien offrit au gouvernement français de réunir à Londres ou à Paris une conférence de représentants des différentes puissances. La France et les autres états acceptèrent cette proposition, qui entrait pleinement dans leurs vues, en faisant espérer une solution pacifique.

La conférence se réunit le 9 janvier 1869, sous la présidence de M. de la Valette, représentant de la France. Il fut décidé dans les premières séances que la Turquie, signataire du traité de Paris, serait admise avec voix délibérante. La Grèce réclamait une situation égale, mais elle n'obtint que voix consultative, aussi refusa-t-elle d'envoyer un délégué à la conférence.

Après avoir réglé ces détails, la conférence commença ses travaux, dont le but fut précisé par M. le plénipotentiaire français, dans les termes suivants : « La conférence n'a pas à prendre des décisions de nature à « porter atteinte à la liberté d'action des deux puissances, auxquelles elle offre ses bons offices ; elle ne « peut légitimement qu'examiner les faits, dire ce qui « lui paraît être le droit et présenter les bases d'une

« réconciliation qu'elle appelle de tous ses vœux. »

Après plusieurs séances, les puissances adoptèrent un projet de déclaration, qui pouvait se résumer ainsi: Le gouvernement hellénique avait eu tort de ne pas avoir observé dans ses rapports avec la Turquie, les règles de conduite communes à tous les gouvernements; il devait à l'avenir renoncer à cette attitude, afin d'échapper à tout reproche.

« Les plénipotentiaires faisant appel aux mêmes « sentiments de conciliation et de paix qui animent « les cours dont ils sont les représentants, expriment « l'espoir que les deux gouvernements n'hésitent pas « à renouer leurs rapports et à effacer ainsi, dans « l'intérêt commun de leurs sujets, toute trace du « dissentiment qui a motivé la réunion de la confé« rence. »

La Turquie adhéra le 29 janvier à cette déclaration, que la Grèce finit par accepter le 6 février, après de grandes protestations.

Avant la séparation de la conférence, M. de la Valette voulut, dans une courte allocution, indiquer quelle était l'importance du résultat obtenu : « Les cabinets, dit-il, « représentés dans cette réunion, sont parvenus à pré« venir le conflit qui était près d'éclater en Orient, et à « écarter une cause de complications pour l'Europe. « M. le marquis de la Valette espère en outre, avec « M. de Metternich, que l'exemple donné par la con-

« férence ne sera pas perdu et que l'œuvre pacifique, « accomplie en vertu et dans l'esprit du protocole de « 1856, restera comme un précédent qui sera de plus « en plus invoqué dans les dissentiments qu'une déli- « bération commune peut aplanir. »

La conférence avait évité une guerre qui aurait pu jeter le plus grand trouble dans le monde politique ; néanmoins, elle a été vivement attaquée par des écrivains, entre autres, par MM. Bluntschli (1) et Rollin-Jacquemyns (2). On lui a reproché d'avoir mal compris a portée du protocole de 1856, en forçant les parties contestantes à accepter la médiation et en faisant œuvre de juge et non de conciliateur. On l'a aussi blâmée d'avoir méconnu les principes de justice, en donnant à l'une des parties, une situation plus favorable qu'à l'autre.

Ces reproches sont, suivant moi, fort exagérés : la conférence a simplement voulu offrir les bases d'un arrangement amiable, elle n'a pas entendu enchaîner la liberté d'action des deux parties. Les représentants *ont refusé de donner* voix délibérative à la Grèce, parce qu'elle n'était pas signataire du traité de 1856, et parce qu'il ne s'agissait pas de prononcer une véritable sentence. Ainsi il reste acquis que les grandes puissances

(1) Bluntschli, ouvrage déjà cité.

(2) *Revue de Droit international*, t I, p. 142 et suiv.

ont fait une application très-légitime et très-utile du vœu formulé en 1856, et tous les vrais partisans de la paix applaudiront aux paroles de M. de la Valette. M. Rollin-Jacquemyns se voit forcé de rendre hommage lui-même à l'œuvre entreprise par la diplomatie, dans cette circonstance, car il finit par dire « Ce qui semble avoir dominé la conférence, c'est le désir de la paix. » Une pareille remarque est une véritable absolution.

La guerre entre la France et l'Allemagne. — L'intervention amicale des puissances ne devait pas empêcher la lutte depuis longtemps prévue contre la France et la Prusse, cette guerre qui, suivant l'expression énergique de M. Gladstone « a eu à un si haut degré le caractère d'un monstrueux retour en arrière. » Je crois utile d'insister sur ce grand événement, car il nous présente une de ces hypothèses qui semblent exclure toute voie pacifique et qui doivent amener fatalement un recours aux armes, à cause des sentiments de rivalité et de haine qui se trouvent en présence.

Le souvenir des désastres éprouvés sous le premier Empire et le désir d'étendre ses conquêtes, semblaient devoir pousser la Prusse dans une lutte avec la France. Un incident de peu d'importance fournit un prétexte aux deux nations pour donner satisfaction à leurs vieilles rancunes.

A la suite de la révolution qui chassa du trône la reine Isabelle, un parti avait offert la couronne d'Espagne au prince Léopold de Hohenzollern. Effrayé des progrès de la Prusse, le gouvernement français déclara vouloir s'opposer à une candidature qui constituait une menace pour sa sécurité. Des négociations longues et difficiles furent entamées. Déjà l'horizon commençait à s'assombrir, lorsqu'une dépêche du 12 juillet 1870 annonça au Ministre des affaires étrangères de France que la candidature du prince Léopold était retirée. A qui devait-on ce résultat heureux, qui semblait mettre fin à toutes les difficultés ? On a pendant quelque temps ignoré la vérité sur ce point. Aujourd'hui, il est établi de la façon la plus certaine que la Russie, par son intervention amicale, avait amené le prince Léopold à repousser la proposition qui lui avait été faite (1). Le système de la médiation venait donc de remporter encore un succès et de préserver la tranquillité de l'Europe. Malheureusement les passions violentes étouffaient la voix de la raison chez les deux nations rivales.

Non content de cette renonciation, le gouvernement français demanda au roi de Prusse de donner des gages pour l'avenir, en promettant de refuser son autorisa-

(1) Le *Droit public de l'Europe moderne*, par M. de Laguerronière.

tion si, dans la suite, la couronne d'Espagne était de nouveau offerte à un prince de sa maison. Le roi répondit « qu'il entendait se réserver la faculté de consulter les circonstances. » M. Benedetti, ayant voulu insister, le roi Guillaume lui aurait, paraît-il, fait notifier par un aide de camp qu'il ne le recevrait plus, et le cabinet prussien aurait porté cet incident à la connaissance de plusieurs cours d'Europe (1). L'exactitude

(1) Telles sont les assertions que M. Emile Ollivier a portées aux Chambres au nom du ministre des affaires étrangères, dans la déclaration du 15 juillet 1870. Mais je crois que ce récit a été imaginé dans le but d'enlever un vote. Cette conviction personnelle résulte du rapprochement des faits.

En effet, le 14 juillet, M. de Grammont, ministre des affaires étrangères, recevait de M. Benedetti, ambassadeur à Berlin, la dépêche suivante :

« Je viens de voir le roi à la gare. Il s'est borné à me dire qu'il n'avait plus rien à me communiquer et que les négociations qui pourraient encore être poursuivies, seraient continuées par son gouvernement. » Et à la séance du 15 juillet, c'est-à-dire le lendemain, M. Ollivier, dans son fameux discours, concluant à l'ouverture des hostilités, s'exprimait ainsi :

« J'ai dit que le gouvernement prussien avait officiellement communiqué cette décision aux cabinets de l'Europe (à savoir que le roi de Prusse avait refusé de recevoir notre ambassadeur.)

Et plus loin : « J'ai entre les mains les dépêches de deux de nos agents dont je ne puis citer les noms ; car le lendemain ils seraient obligés de quitter les cours auprès desquelles ils sont accrédités. »

Au reste, personne ne peut être mieux informé que M. Benedetti de ce qui s'est passé lors de ces délicates négociations ;

de ces faits est aujourd'hui vivement contestée ; quoi qu'il en soit, de ce moment la guerre entre les deux pays fut résolue définitivement.

Le ministre des affaires étrangères de France, dans la déclaration du 15 juillet 1870, lue par M. Ollivier, à la chambre des députés, annonçait qu'un seul parti restait à prendre : le recours aux armes.

Ainsi on allait s'engager, sous des prétextes très-légers, dans une lutte qui, par ses horreurs et ses conséquences, devait jeter le trouble dans l'Europe entière.

Quelle avait été pendant toutes ces négociations l'attitude des puissances étrangères? Avaient-elles cherché par leurs offres de bons services à empêcher un choc qu'elles redoutaient? Le public et même des écrivains ont accusé l'Angleterre de s'être enfermée dans un égoïsme étroit et coupable. Ce reproche ne repose sur aucun motif sérieux, il a été formulé à la légère, et il est certain, au contraire, que le gouvernement de la

or, ce diplomate, au lendemain des événements de 1870, écrivait les lignes suivantes : « Il n'y a eu à Ems ni insulteur, ni insulté, et le roi lui-même a été fort surpris, quand il a eu connaissance des fables publiées par certains journaux, qui croyaient cependant reproduire le récit de témoins oculaires. »

Je persiste donc à croire que M. Ollivier, pressé de faire voter une guerre qu'il pensait devoir être heureuse, a cherché par un moyen oratoire de stimuler le patriotisme des députés.

Grande-Bretagne employa tous ses efforts et toute son autorité à arrêter les deux nations imprudentes sur le bord de l'abîme. Il suffit de lire les journaux anglais et de parcourir les déclarations faites dans le Parlement, pour se convaincre que la Grande-Bretagne a continué, dans ces événements, à jouer le rôle qu'elle avait inauguré dans la conférence de 1856.

A la date du 11 juillet, M. Gladstone, parlant dans la chambre des communes de la situation politique de l'Angleterre, disait : « Je n'ai pas besoin d'ajouter que le gouvernement anglais continue, autant qu'il est en son pouvoir, d'appliquer tous ses efforts au maintien de la paix. »

Vers la même date, le *Times* (1) publiait un article qui se terminait ainsi : « Toutefois, rien n'est désespéré, « si les autres Etats de l'Europe sont unis et sincères « dans leur désir de s'interposer ; que l'Angleterre, la « Russie, l'Autriche et l'Italie, agissent de concert et le « nuage qui porte la guerre peut encore se dissiper. »

Des journaux français affirment même à cette date que lord Grandville a eu une entrevue avec l'empereur Napoléon III, afin de chercher le moyen d'arriver à une solution amiable. Cependant le voyage du ministre anglais était une pure invention.

Le *Mémorial diplomatique*, dans son numéro du 16

(1) N° du *Times*, 13 juillet 1870.

juillet 1870, parle d'une offre formelle de médiation de la part de l'Angleterre.

Devant tous ces témoignages, nous devons reconnaître que les puissances étrangères accomplirent les devoirs qu'exigeait la gravité de la situation. Si ces efforts honorables restèrent inutiles, il faut en accuser les deux gouvernements rivaux qui, loin de chercher à calmer les passions de leurs sujets, travaillèrent au contraire à les exciter par mille provocations (1).

Il est inutile d'insister sur le funeste traité de 1871 qui, en privant la France de deux riches provinces, enleva l'espoir d'une longue paix.

Nous avons étudié l'œuvre de la conférence de 1856, et nous avons pu apprécier quels services elle avait rendus à la cause de l'humanité. Sans doute, le vœu des grandes puissances n'a pas toujours été fidèlement respecté, mais il a cependant évité, dans plusieurs occasions l'effusion du sang et à ce point de vue il mérite l'attention. Un succès, même très-faible, doit être pour les gouvernements un encouragement suffisant à persister dans une tâche si noble et si élevée !

Définition de l'arbitrage. — Notions générales.

(1) M. de Bismark, dès le commencement, se montra très-défavorable aux démarches amicales de lord Granville. On peut lire à ce sujet divers ouvrages qui ont été publiés sur l'action diplomatique au moment de la guerre.

— A côté de la médiation que nous venons d'étudier, se place un autre moyen de terminer les conflits entre nations par des arrangements amiables, je veux parler de l'arbitrage. Dejà depuis longtemps appliqué par la diplomatie et vanté par les publicistes, ce procédé a obtenu, dans ces dernières années, un triomphe si éclatant qu'il est appelé désormais à jouer un rôle très-considérable dans les relations internationales Nous devons l'examiner avec soin, afin de reconnaître quelle est sa véritable valeur.

Dans la plupart des législations, il est permis aux parties, ayant l'exercice de leurs droits, de soumettre leurs contestations à des arbitres librement désignés par elles. Cette manière simple et avantageuse de mettre fin à des difficultés, devait de bonne heure attirer l'attention des philosophes qui cherchaient les moyens d'éviter la guerre ou au moins de la rendre plus rare. En parcourant l'histoire des siècles passés, nous avons constaté que des efforts avaient été faits dans ce sens et que de sages et impartiales décisions avaient souvent épargné au monde de grandes catastrophes. Nous avons même rencontré, en 1794, un traité qui réglementait avec soin un recours à des arbitres.

Il était réservé à notre siècle de voir s'accomplir un progrès encore plus considérable. Toutefois, avant d'étudier les résultats obtenus par cette voie pacifique, il est bon de montrer en quoi précisément consiste l'arbitrage et comment il fonctionne dans la pratique. Nous allons donc tracer les règles générales sur la nature de la convention, sur la procédure ordinairement suivie, sur les caractères de la sentence elle-même.

M. Calvo (1) donne la définition suivante : « Il y a « arbitrage, dit-il, lorsque deux Etats, ne pouvant « s'entendre entre eux pour vider un différend sur « une question douteuse en droit, délèguent d'un « commun accord à une troisième puissance, le soin « de décider et de statuer comme juge en dernier « ressort. »

Cette définition prise dans son ensemble est un peu restrictive, car elle semble dire que l'arbitre doit être forcément un gouvernement neutre ; or cette condition n'est pas nécessaire.

Si les parties, d'accord sur le point de droit, contestent seulement les faits, si par exemple, elles reconnaissent qu'une indemnité est due, sans pouvoir s'entendre sur le montant de la réparation, il y a alors *arbitratio*, disent les allemands, et non plus *arbitrium*, proprement dit.

Les nations peuvent prendre pour arbitres de leurs contestations qui bon leur semble ; elles ont la faculté de choisir, soit un souverain neutre, soit un jurisconsulte, soit un tribunal d'une nation désintéressée dans

(1) Calvo, *Droit international*, t. I, p. 790.

le débat. M. Liéber (1), journaliste américain, et grand défenseur de la paix, n'admet pas qu'un souverain soit un bon arbitre. Il fait observer que rarement un roi ou un président de république, désigné par les nations contestantes, examinera lui-même l'affaire ; dans presque tous les cas, il fera préparer la sentence par des ministres ou des conseillers d'Etat, qui, étant dégagés de toute responsabilité, ne seront pas préoccupés d'accomplir avec zèle et intelligence leur mission.

Le même auteur conseille de choisir pour arbitres, les professeurs d'une faculté de droit appartenant à un petit pays neutre ; on sera ainsi assuré, suivant lui, d'obtenir une décision sage et impartiale. Ces opinions individuelles ont peu de valeur dans notre matière : le choix des arbitres devra varier suivant la nature du litige et la situation politique des deux peuples entre lesquels existe le différend. On peut citer certains princes, par exemple Léopold Ier, roi des Belges, qui ont joui d'un grand crédit en Europe à cause de leurs lumières et de leur honnêteté et qui ont su rendre d'excellentes décisions.

Chaque nation nomme un ou plusieurs arbitres. Quelquefois le tribunal arbitral comprend les représentants des deux pays qui sont en désaccord et les délégués de plusieurs Etats neutres.

(1) Lieber, *Revue de Droit international* (1870), p. 480.

Pour diriger les discussions et pour obtenir une majorité, on admet quelquefois un sur-arbitre qui est désigné, soit par les deux arbitres, soit par une puissance neutre.

Le tribunal arbitral est une juridiction composée de véritables juges. Les formes à suivre pour arriver à la connaissance de la vérité sont très-variables. Quelquefois on admet les représentants des deux nations à comparaître pour fournir des explications de vive voix et pour défendre les intérêts de leur gouvernement ; le plus souvent on se contente de mémoires écrits et de témoignages d'experts.

Les arbitres proposent aux parties une transaction, et si l'arrangement amiable est impossible, ils rendent une sentence. La décision est prise à la majorité des voix et elle lie les parties qui ont signé le compromis.

La décision du tribunal arbitral peut être considérée comme non obligatoire, lorsqu'il y a violation du mandat, injustice évidente ou erreur matérielle.

Il ne faut pas se montrer trop facile à admettre la nullité de la sentence arbitrale, car on donnerait ainsi des armes à la mauvaise foi et à l'esprit de chicane qui ne se rencontrent que trop souvent dans les rapports internationaux.

Il nous reste à nous demander maintenant dans quelles hypothèses la voie de l'arbitrage pourra être utilement suivie. Nous touchons ici aux points les plus délicats de notre sujet ; il est, en effet, bien difficile de poser à priori des principes généraux sur une matière si variable et si incertaine. Aussi trouvons-nous dans la théorie des divergences très-grandes : chaque auteur propose son système et présente un critérium qui doit être infaillible. Les uns, sans distinction, admettent dans tous les cas le recours à l'arbitrage, d'autres se montrent beaucoup plus circonspects. Toutefois sur certaines contestations, presque tous les écrivains paraissent s'accorder pour admettre ou rejeter la possibilité d'un compromis.

D'abord certaines affaires sont d'une si médiocre importance, qu'elles ne doivent pas, en raison, amener un recours aux armes. Le progrès des idées et l'instinct de la conservation ont sur plusieurs points profondément modifié les rapports entre les peuples. La diplomatie, rendue plus sage par l'expérience, se tient elle-même en garde contre des résolutions trop promptes. Le temps n'est plus où un souverain déclarait la guerre à un autre Etat, parce qu'une prescription de l'étiquette avait été méconnue, ou parce qu'une plaisanterie un peu piquante avait été dirigée contre sa maîtresse. Les gouvernements même les plus forts réfléchissent avant de s'exposer aux chances d'une guerre qui, par ses conséquences, peut ébranler leur puissance et affaiblir leur autorité. C'est qu'aujourd'hui il ne s'agit plus de sacrifier quelques milliers d'hommes et quelques faibles sommes d'argent ; grâce aux prodigieux armements des Etats de l'Europe, un seul combat peut amener l'écrasement même d'une grande nation. Des exemples récents fournissent des preuves irrécusables à cette assertion. Aussi la nation qui a commis une faute légère s'empressera-t-elle d'ordinaire de faire des démarches et de confesser ses torts, afin d'éviter de dangereuses complications au grand avantage de tous.

« Chacun reconnaît, dit M. Bluntschli (1), qu'il y a « certaines difficultés pour lesquelles il est absurde de « recourir aux armes, parce que la guerre exige des « sacrifices hors de proportion avec l'importance de la « question en litige. L'Etat qui entreprendrait une « guerre parce qu'un autre Etat est son débiteur, res- « semble à cet ours de la fable jetant des pierres aux « mouches qu'il voit sur le front de son ami endormi. » Mais il faut bien reconnaître que des faits presque sans importance en eux-mêmes, peuvent prendre un caractère tout spécial de gravité, lorsque les rapports entre les deux peuples sont déjà fort difficiles.

Si le différend touche à des intérêts considérables, le recours à l'arbitrage sera une excellente résolution de la part des parties contestantes. Ainsi les tribunaux arbitraux pourront utilement connaître des débats qui

(1) Bluntschli, *Droit international codifié,* n° 498.

s'élèveront à l'occasion d'une délimitation de frontières, d'un conflit de lois pénales ou civiles, d'une offense reçue, enfin d'un préjudice résultant d'une violation d'un devoir international généralement admis. Mais lorsque l'indépendance et l'intégrité d'un pays sont directement en jeu dans le différend, alors il faut reconnaître que toute espérance d'une solution pacifique est superflue.

Les publicistes, même optimistes, sont obligés d'accorder quelques concessions aux passions les plus profondes du cœur humain et ils se contentent de faire dans ce cas un appel suprême aux lumières et à la modération des gouvernements. « L'arbitrage, dit M. Calvo (1), « peut porter sur toute espèce de désaccord ou de débat « international hormis ceux dans lesquels l'honneur ou « la dignité nationale sont directement en jeu et qui « relèvent d'un sentiment intime, pour ainsi dire « personnel, dont un Etat tiers ne saurait se rendre « juge. »

Les principaux cas d'arbitrage dans le dix-neuvième siècle. — Jetons maintenant un regard sur l'histoire et cherchons si les faits sont en harmonie avec la théorie que nous venons d'exposer ou si au contraire ils la contredisent. En parcourant des affaires

(1) *Droit international*, par Calvo, t. I, p. 790.

variées qui, dans ce siècle, ont été portées devant les tribunaux d'arbitres et qui ont laissé un grand souvenir dans les annales de la diplomatie, nous pourrons nous prémunir contre toute exagération. Les résultats de la pratique, en effet, sont très-utiles pour contrôler la valeur des règles posées par des hommes trop souvent enclins à s'abandonner aux charmes de leurs rêves.

L'affaire de Portendick. — A la date de 1843, nous trouvons une décision arbitrale prononçant une condamnation à des dommages-intérêts contre une nation qui n'avait pas notifié l'établissement d'un blocus.

Pendant la guerre que la France soutint contre les Maures, des navires anglais furent capturés par des navires français sur la côte de Portendick. Les commerçants anglais qui avaient eu à souffrir de cette mesure, élevèrent des réclamations et demandèrent des indemnités. Des négociations s'ouvrirent entre les deux gouvernements et se prolongèrent quelque temps sans amener aucune solution. Les cabinets anglais et français décidèrent alors que l'affaire serait soumise à l'arbitrage du roi de Prusse. Le 9 novembre 1843, fut rendue une sentence qui condamnait la France à payer une somme d'argent aux commerçants anglais lésés par la non-notification du blocus. Une commission mixte fixa à 41,770 francs 89 centimes, l'indemnité qui fut aussitôt votée par la chambre des députés. La décision fut accueillie favorablement par les deux parties, car elle ne faisait que consacrer un principe du droit international un instant méconnu.

Le navire américain l'*Armstrong*. — En 1852, se présenta une affaire assez délicate : il s'agissait de la responsabilité encourue par un Etat neutre pour n'avoir pas empêché une agression sur son territoire. Voici les faits :

Dans la nuit du 26 septembre 1814, dans le port de Fayal, une des îles Açores, des matelots du navire américain *Armstrong* en vinrent aux mains avec les hommes formant l'équipage de chaloupes anglaises. Le lendemain, un vaisseau anglais vint bombarder le navire américain et le détruisit. Le gouvernement des États-Unis adressa une réclamation au roi de Portugal, prétendant que les autorités locales auraient dû empêcher un acte aussi contraire au droit des gens.

Après des échanges de notes, les deux Etats pensèrent que le parti le plus sage était de soumettre la contestation à une puissance neutre. Le président de la République française fut choisi pour arbitre. Reconnaissant que les autorités portugaises n'avaient pas été prévenues du conflit en temps utile et que les défenses du fort étaient insuffisantes pour essayer une intervention armée, l'arbitre, le 30 novembre 1852, rendit une sentence par laquelle il déclarait le gouvernement portugais irresponsable des conséquences de la lutte. Les Etats-Unis acceptèrent la décision qui était en droit comme en fait très-conforme à la justice.

L'arrestation des officiers du navire anglais *La Forte*. — L'Angleterre, si attachée au prestige de sa puissance, consentit cependant à soumettre à des arbitres un différend dans lequel sa vanité nationale semblait engagée. Le 7 juin 1862, des officiers du navire anglais *la Forte*, ayant insulté une sentinelle brésilienne, furent conduits en prison, puis bientôt relaxés sur la demande du vice-consul anglais qui fit connaître la qualité des détenus. Le cabinet anglais néanmoins se prétendit blessé et demanda une réparation pour offense portée à la marine britannique. Le roi des Belges, choisi pour arbitre par les deux parties, déclara qu'il n'y avait pas lieu de prononcer une condamnation contre le Brésil « attendu que les agents brési- « liens n'étaient point coupables de provocation et que « les lois du pays avaient été régulièrement appli- « quées. » Cette solution pacifique était très-remarquable dans un débat où les susceptibilités anglaises étaient fortement excitées.

Le différend entre le Chili et les Etats-Unis à l'occasion de la saisie de valeurs appartenant à des sujets américains. — Le roi des Belges termina fort heureusement un conflit qui avait soulevé des passions violentes et fait craindre un instant une rupture entre le Chili et les Etats-Unis. Il s'agissait de la violation de cette grande règle du droit des gens d'après laquelle la propriété privée n'est pas saisissable sur terre, qu'elle appartienne à un neutre ou à un ennemi. Le 29 mai 1821, lord Cochrane, vice-amiral chilien, fit saisir sur le territoire de l'ancienne vice-royauté du Pérou, des sommes d'argent considérables qui provenaient de la vente de marchandises transportées par le brick *Macédonian*, navire marchand américain.

Le cabinet de Washington adressa une note au gouvernement du Chili, par laquelle il réclamait la restitution des sommes saisies. Le ministre des relations extérieures du Chili repoussa cette demande. Les rapports entre les deux peuples devinrent très-tendus, et l'opinion publique en Amérique se prononça en faveur d'un recours aux armes. Néanmoins, grâce aux efforts de la diplomatie, le danger d'une guerre fut écarté et il fut décidé que la difficulté serait soumise à l'appréciation du roi des Belges. Le 15 mai 1863, Léopold Ier rendit une sentence par laquelle il condamnait le Chili à restituer les sommes saisies au détriment du capitaine et des commerçants américains, et, en outre, les intérêts au taux de six pour cent par an, depuis le 19 mars 1841, date de l'envoi de la note du Ministre des Etats-Unis.

Réglement par une commission d'arbitres de plusieurs affaires pendantes entre l'Angleterre et les Etats-Unis. — Depuis plusieurs années, des affaires assez considérables restaient pendantes entre l'Angleterre et les Etats-Unis. Il s'agissait surtout de résoudre la fameuse question du navire *la Créole.* On sait que dans cette affaire, l'attitude de l'Angleterre, à l'égard d'esclaves révoltés à bord et coupables de meurtre, avait étonné tous les gouvernements européens et mécontenté le cabinet américain. La commission arbitrale accorda des dommages-intérêts dans plus de trente cas. L'enthousiasme de la presse américaine, à l'occasion de cette solution pacifique fut unanime. Les journaux ne pouvaient assez décerner d'éloges à la sagesse des arbitres qui avaient évité aux deux pays les horreurs de la guerre.

Nous avons vu jusqu'ici les arbitres appelés à se prononcer sur des questions d'indemnités dues pour violation des devoirs de neutralité ou pour offenses envers les représentants d'une nation. Nous allons maintenant examiner des espèces d'un ordre différent. Il est curieux de voir des tribunaux d'arbitres se prononcer entre les revendications de deux Etats qui prétendent avoir droit sur un territoire. Cette application de l'arbitrage est très-importante, car elle touche à la puissance territoriale des nations.

Le détroit de Puget. — L'Angleterre et les Etats-Unis se disputaient depuis plusieurs années la propriété du territoire avoisinant le détroit de Puget. Pour sortir de cette situation qui troublait l'accord entre les deux pays, une convention fut signée le 1er juin 1863. Par ce traité le différend devait être soumis à une commission composée d'arbitres nommés par chaque Etat, un tiers arbitre devait être nommé pour faire cesser le partage. La commission rendit une sentence le 10 septembre 1867, aucune protestation ne fut élevée contre les termes de la décision. Chose curieuse à noter, les arbitres apportèrent un esprit si conciliant que la nomination d'un sur-arbitre ne fut pas considérée comme nécessaire.

L'île de Balama. — Le président des Etats-Unis fut pris comme arbitre en 1869 dans une question analogue. Il s'agissait d'examiner les titres que la Grande-Bretagne et le Portugal invoquaient relativement à la propriété de l'île de Balama, située sur la côte occidentale de l'Afrique. En 1870 intervint une décision qui donnait raison au Portugal. L'Angleterre, malgré l'importance qu'elle attachait à cette possession, ne fit entendre aucun murmure (1).

(1) On peut consulter le rapport fait, en 1872, par M. Bellaire sur les arbitrages dans les conflits internationaux. Toutefois,

Le procès de l'*Alabama*. — Nous sommes arrivés maintenant à l'étude d'une affaire qui a été heureusement terminée par l'arbitrage et qui, dans ces dernières années, a attiré l'attention de l'Europe entière. Tout le monde connaît le fameux procès de l'*Alabama*.

La situation politique et la rivalité des parties contestantes, la grandeur des principes engagés, l'importance du litige contribuaient à passionner les esprits et faisaient craindre une crise violente. Aussi grand fut l'étonnement lorsqu'on vit les deux nations consentir, après de longues négociations, à soumettre à un tribunal arbitral la décision de la question qui les divisait ! On fut surtout surpris quelque temps après en apprenant que l'Angleterre, toujours si fière et si jalouse de sa réputation, se résignait à accepter une sentence qui proclamait ses torts et lui imposait de grands sacrifices. Cette attitude était bien faite pour étonner le monde peu habitué à cette modération. Un semblable succès remporté par la raison sur les passions violentes devait être une récompense pour ceux qui avaient jusqu'ici travaillé à la suppression de la guerre, et un stimulant pour ceux qui s'étaient désintéressés d'une cause si noble et si élevée.

On peut dire que le traité de Washington et la sen-

il faut se tenir en garde contre des erreurs qui se rencontrent dans ce travail.

tence du tribunal de Genève servent de point de départ à tout ce grand mouvement en faveur de la paix qui s'accomplit chaque jour sous nos yeux et qui annonce tant de promesses pour l'avenir. Avec quelle force, en effet, les nations semblent désormais aspirer au repos et à la concorde ! A cette heure, journalistes, publicistes, philosophes, tous paraissent s'être concertés pour recommander les avantages de l'arbitrage.

Cependant, sans vouloir diminuer ce légitime enthousiasme qui porte en lui de si heureux présages, je crois qu'il est utile de ne pas trop céder à l'entraînement général et d'examiner les choses avec calme. Sans doute la sentence de Genève a réalisé un grand progrès en montrant que des intérêts considérables pouvaient être confiés à l'impartialité des arbitres, mais croit-on qu'un semblable résultat ait été obtenu sans efforts ? L'histoire des négociations qui ont précédé le traité de Washington nous montre combien la tâche était délicate et pénible. Il a fallu toute la sagesse de ces deux grandes nations et toute la prudence des négociateurs pour sortir aussi heureusement de difficultés qui paraissaient inextricables.

On comprend du reste aisément qu'une grande nation hésite à se soumettre d'avance à une décision qui peut porter un coup terrible à son prestige et à sa richesse. Quelle force est surtout nécessaire aux gouvernements pour résister à la pression de l'opinion publique qui les pousse à prendre des partis extrêmes au nom de l'honneur national !

Les négociations diplomatiques relatives à l'affaire de l'*Alabama* et la décision qui a mis fin au différend ont attiré l'attention des savants et ont donné lieu à des travaux remarquables (1). Un nouvel examen de la question serait sans profit pour la science et sans intérêt pour les lecteurs. Nous nous contenterons donc d'esquisser les traits généraux de ce grand événement politique en nous plaçant surtout au point de vue qui doit nous occuper ici, à savoir, l'appréciation de l'arbitrage comme moyen de mettre fin aux conflits entre nations.

Les réclamations des Etats-Unis. — Pendant la guerre longue et acharnée de la Sécession, l'Angleterre montra des sentiments favorables à la cause des Etats du Sud. Cette sympathie secrète ne tarda pas à se manifester par une attitude pleine de partialité.

Au moment où la lutte redoublait de violence, une agence formée de confédérés du Sud s'établit à Li-

(1) On peut consulter divers ouvrages sur la question de l'*Alabama*. Nous citerons :

1° *La question de l'Alabama et le droit des gens*, par M. Pradier-Fodéré, 1872.

2° *L'affaire de l'Alabama et le tribunal arbitral de Genève*, par Alphonse Rivier (revue suisse, année 1872.)

3° Les documents officiels publiés dans les deux pays.

verpool pour acheter et construire des navires de guerre. Les opérations étaient fort bien conduites pour détourner les soupçons. On faisait construire des vaisseaux dans les chantiers de Liverpool et on les mettait à la mer sans armement et sans équipage de guerre. Ces bâtiments se dirigeaient alors vers de petits ports de l'Angleterre, ou bien faisaient voile pour une île des Antilles. Arrivés au point fixé à l'avance, ils jetaient l'ancre et attendaient les munitions et le complément d'équipage que devaient leur apporter des embarcations parties de Liverpool presque en même temps. Le transbordement achevé, les navires étant pourvus du matériel nécessaire et ayant reçu leurs officiers partaient en expédition et allaient porter la ruine au milieu de la marine marchande des Etats-Unis. Dans l'intervalle de ces terribles croisières, ils venaient demander abri dans les ports des colonies anglaises où ils pouvaient en sécurité réparer leurs avaries. Les consuls des Etats-Unis, connaissant ces entreprises qui se poursuivaient impunément dans les ports anglais, avertissaient leur gouvernement et adressaient des réclamations à lord Russell. Mais les autorités anglaises se bornaient à prendre des précautions insignifiantes et à exercer des poursuites sans résultat.

Grâce à cette négligence, plusieurs corsaires furent équipés par les États du Sud et portèrent le ravage parmi les navires de commerce des États-Unis. C'est ainsi que la *Géorgia*, la *Florida*, le *Shenandoah*, successivement armés et équipés, entreprirent leur œuvre de ravages et de destructions sur mer. A plusieurs reprises ils vinrent aborder aux ports anglais, afin de se procurer des vivres et des munitions. Après un grand nombre d'exploits, quelques-uns de ces navires furent détruits par les vaisseaux de guerre des États-Unis et les autres furent vendus en Angleterre à des armateurs.

Parmi tous ces croiseurs, la canonnière l'*Alabama* a laissé un grand souvenir dans l'histoire par ses audacieux forfaits. Quittant le Mersey, le 29 juillet 1862, sans emporter aucune arme, elle alla à Terceire pour attendre son supplément d'équipage et son armement que lui amenèrent bientôt deux embarcations venant, l'une de Londres, l'autre de Liverpool. Après ces préparatifs, le navire commença cette campagne mémorable qui devait porter à la marine marchande des États-Unis un coup terrible et fournir à la résistance des sudistes un appui important. Après des croisières très-nombreuses, il fut atteint par la corvette de guerre *Kearsage* et coulé à fond en vue des côtes de Cherbourg.

L'indifférence de l'Angleterre et son apathie à l'égard de manœuvres coupables des croisières sudistes blessa profondément les États-Unis. Par une note envoyée au gouvernement de la Grande-Bretagne, le

7 avril 1865, M. Adams, ministre plénipotentiaire, rendait responsable l'Angleterre de tous les faits accomplis et lui reprochait d'avoir montré une connivence fâcheuse en s'empressant de reconnaître aux Sudistes le caractère de belligérants.

Lord Russell, au nom du Gouvernement anglais, chercha à rejeter la responsabilité en établissant que les armements et les équipements des corsaires avaient eu lieu hors du territoire britannique. Dans ses répliques du 2 août, le ministre de la Grande-Bretagne, après avoir justifié la conduite des autorités anglaises, déclarait avec hauteur que son Gouvernement, ayant rempli toutes les obligations légales, ne consentirait jamais à porter le litige devant des arbitres.

Des notes de plus en plus vives continuèrent d'être échangées entre les deux cabinets, et la question, loin de s'éclaircir, parut se compliquer. Le Gouvernement américain dans ses derniers mémoires, affirmait que les mesures prises par les autorités britanniques pour empêcher la sortie des navires armés et équipés dans les ports de la Grande-Bretagne avaient été très-lentes et très-molles, et qu'ainsi cette négligence avait fourni des secours puissants aux insurgés et causé aux États-Unis des dommages considérables.

L'échec de la proposition faite par M. Reverdy-Johnson. — Les négociations en étaient à ce point, lorsque tout à coup l'espoir d'un arrangement amiable se présenta aux deux pays. M. Reverdy-Johnson, ministre des États-Unis à Londres, désirant fortement le maintien de la paix et se sentant secondé par la presse américaine, résolut de mettre fin au conflit sans porter atteinte à aucun intérêt. Il offrit à lord Stanley, chef du Foreing-Office, de soumettre le litige à une commission mixte composée de deux anglais et de deux américains. Cette proposition, qui assurait le maintien de l'harmonie entre les deux pays et écartait la pensée d'un recours aux armes, fut acceptée avec empressement par le ministre anglais ; mais elle ne devait pas rencontrer un aussi bon accueil auprès du Gouvernement américain. Le projet de convention fut repoussé au Sénat fédéral par cinquante-quatre voix contre une. Le président, en communiquant cette nouvelle à ses agents, disait : « Je crois « de mon devoir de déclarer que les conditions in- « sérées dans le protocole sont insuffisantes pour « assurer aux États-Unis, dans l'étendue qu'ils peu- « vent exiger, la réparation qui leur est due. Quand « le jour sera venu, j'examinerai ces nombreuses « questions avec le désir sincère de les résoudre à « l'amiable, dans les conditions compatibles avec « l'honneur de chacune des deux nations. »

L'idée d'une solution pacifique semblait donc perdre du terrain. Après cet échec de la proposition Reverdy-

Johnson, le danger d'une rupture devenait imminent, car le temps ne pouvait qu'aigrir l'esprit des deux peuples et envenimer leur querelle.

Le traité de Washington. — Deux années s'écoulèrent ainsi sans amener aucun résultat. Cependant le Gouvernement anglais qui sentait au fond ses fautes et qui redoutait un recours aux armes, semblait très-favorable à l'idée de l'arbitrage qu'il avait autrefois rejetée avec tant de dédain. Au mois de janvier 1871, il offrit aux États-Unis de terminer par un réglement amiable toutes ces réclamations et particulièrement les difficultés qu'avait soulevées l'*Alabama*. Ces propositions furent acceptées, et, le 8 mai, une commission formée de cinq anglais et de cinq américains déférait à des arbitres l'affaire de l'*Alabama*.

D'après l'article premier de cette convention, le tribunal d'arbitres était composé de cinq membres : le président des États-Unis, la reine d'Angleterre, le roi d'Italie, le président de la Confédération suisse et l'empereur du Brésil devaient nommer chacun un représentant; en cas de refus ou d'omission de la part de l'un de ces trois derniers, le roi de Suède et de Norwége devait désigner un arbitre.

Les arbitres devaient se réunir à Genève et rendre leur sentence dans un délai assez bref.

La décision devait être prise à la majorité des voix.

Afin de guider les arbitres dans leurs travaux, les deux parties contractantes s'accordaient pour admettre dans le traité, l'insertion de trois grandes règles générales sur les devoirs des neutres. On espérait ainsi éviter toutes les difficultés dans la suite et préparer les bases d'une décision conforme aux règles du droit et de l'équité.

Le traité, pour donner un mandat bien défini aux arbitres, indiquait le mode suivant lequel devait s'effectuer le réglement des réclamations.

Le tribunal devait examiner si l'Angleterre avait failli en quelques points ou d'une façon générale à remplir les devoirs énoncés dans les trois règles. Dans ce dernier cas, il pouvait, s'il le jugeait convenable, décréter en bloc une somme à payer par l'Angleterre aux Etats-Unis pour toutes les réclamations.

Le lieu et le mode pour le paiement des sommes allouées étaient réglés avec soin.

Les parties contractantes s'engageaient à considérer les décisions du tribunal d'arbitrage comme le réglement définitif de toutes les réclamations respectives.

Les demandes d'indemnité que pourraient élever dans la suite des sujets anglais contre le gouvernement des Etats-Unis et réciproquement, pour faits commis dans la période du 13 avril 1861 au 9 mai 1865, devaient être déférées à trois commissaires, dont un était nommé par la reine d'Angleterre, l'autre par le président des

Etats-Unis, et le troisième par la reine et le président, conjointement, ou, en cas de difficulté, par l'envoyé de l'Espagne à Washington.

La commission devait promptement statuer sur toutes les réclamations, et ses décisions devaient être sans appel.

Le traité du 8 mai 1871 fut ratifié par le Sénat des Etats-Unis à une assez grande majorité, et approuvé par le Parlement Anglais après bien des protestations.

Telle fut l'heureuse issue de toutes ces négociations qui montrent quels services considérables peut rendre à l'humanité une diplomatie modérée et prudente. La Convention de Washington devait dans la suite fournir un argument puissant à ceux qui recommandent les arrangements amiables dans les différends internationaux. Lord Grey, au banquet d'adieu offert aux délégués des deux pays, terminait son discours par une pensée qui marquait l'importance de l'acte accompli : « Je crois, « disait-il, que ce traité exercera une grande influence « sur le monde pour lui procurer le premier des bien- « faits terrestres : la paix. »

La sentence du Tribunal de Genève. — La Commission des arbitres commença ses travaux le 15 décembre 1871 (1). Les Etats-Unis, dans leur

(1) Une question assez curieuse se présenta au début des

mémoire, réclamaient des indemnités de deux chefs :

1° Pour dommages directs résultant de la destruction des navires et des propriétés du gouvernement américain.

2° Pour dommages indirects, embrassant les dépenses qu'avait entraînées la prolongation de la guerre.

Usant du pouvoir qui lui avait été concédé par le traité, et ne tenant pas compte des pertes indirectes, le tribunal de Genève rendit, le 14 septembre 1872, une sentence par laquelle il condamnait l'Angleterre à payer aux Etats-Unis en bloc, la somme de 15,500,000 dollars en or, avec les intérêts, à titre d'indemnité pour toutes les réclamations qui avaient été soumises à son appréciation. Par cette décision, les arbitres reconnaissaient « que l'Angleterre avait manqué, par omission ou « négligence, aux devoirs prescrits par l'une ou l'autre « des trois règles ou par toutes à la fois, dans le cas « de l'*Alabama*, de la *Florida*, du *Shenandoah*, ainsi que « de leurs tenders. »

La sentence était signée de quatre arbitres seulement : le comte Sclopis, nommé par le roi d'Italie, Jacques Staempfli, nommé par le président de la Confédé-

travaux de la commission : on se demanda si le tribunal arbitral était juge de sa propre compétence. Après de longues discussions, cette difficulté fut heureusement écartée.

ration Suisse, le baron d'Itajuba, désigné par l'empereur du Brésil, Charles Adams, choisi par les Etats-Unis. Sir Alexandre Cockburn, représentant de l'Angleterre, refusa d'apposer sa signature pour des raisons que nous ne pouvons examiner ici.

L'Angleterre, après quelques récriminations sur l'interprétation donnée aux trois règles du traité, accepta cette sentence qui terminait une contestation aussi délicate qu'importante. — « Ce n'est pas le premier arbi-
« trage international, dit avec raison un auteur (1); mais
« c'est la première fois qu'une affaire internationale de
« cette importance a été confiée en Europe, à un col-
« lége de simples particuliers, et instruite par eux dans
« les formes généralement considérées chez les peu-
« ples civilisés comme protectrices de la justice civile.»

La date du 14 décembre 1872 rappellera pendant longtemps un grand progrès accompli dans le sens de la civilisation !

L'exemple remarquable donné par deux grandes nations, ne pouvait manquer d'exercer une salutaire influence sur la conduite des gouvernements et d'amener d'heureux résultats en stimulant le zèle des amis de la paix.

Nous avons vu, dans ces dernières années, l'Angleterre et les Etats-Unis soumettre à l'arbitrage de

(1) Rollin-Jacquemyns. *Revue internationale,* année 1873.

l'empereur d'Allemagne la question du golfe San-Juan. Le souverain a rendu sa sentence qui adjuge l'île aux Etats-Unis.

M. Thiers, président de la République française, a été appelé, il y a peu de temps, à régler un conflit entre l'Angleterre et le Portugal, relativement aux limites des possessions que ces deux puissances ont en Afrique.

Enfin, une commission siége encore en ce moment à Washington en vertu du traité du 12 juin 1871 entre l'Espagne et les Etats-Unis. Les arbitres ont pour mission d'examiner les réclamations élevées par des citoyens américains contre le gouvernement espagnol, au sujet des dommages causés à leurs personnes ou à leurs biens, par suite des mesures prises par les autorités espagnoles lors des événements de Cuba.

Nous venons, par cet aperçu historique, de constater le développement immense qu'a pris la théorie de l'arbitrage. L'honneur de cette grande révolution dans les relations internationales revient à la généreuse initiative des Etats-Unis, et surtout à la constance de la Grande-Bretagne qui, malgré plusieurs sentences défavorables à ses intérêts, a persisté dans cette voie pacifique.

L'arbitrage est désormais appelé à jouer un rôle sérieux dans les rapports des peuples, toutefois il ne faut pas se laisser aller à de trop grandes illusions.

Les tribunaux d'arbitres seront, sans aucun doute, appelés à porter leur examen sur des affaires de jour en jour plus considérables, mais de longtemps encore, ils ne pourront imposer silence aux haines que les violences ont fait naître entre les divers peuples, et que les siècles ont fortifiées. « Quant à ce qui concerne « l'arbitrage, écrivait M. Montague-Bernard, mon opi- « nion, qui est aussi celle de M. Bluntschli, est que « c'est un expédient de la plus haute valeur pour « terminer les controverses internationales, mais qu'il « n'est applicable ni dans tous les cas, ni dans toutes « les circonstances ; que les cas et les circonstances « auxquels il est applicable, n'admettent aucune défi- « nition précise. »

Il faut donc compter sur la sagesse des hommes politiques qui comprennent fort bien que la sentence défavorable d'un tribunal arbitral vaut encore mieux pour une nation qu'une guerre même heureuse !

CHAPITRE IV.

DE L'AVENIR

LES DIVERSES THÉORIES PROPOSÉES POUR AMENER LA SUPPRESSION DE LA GUERRE. — LA CODIFICATION DU DROIT INTERNATIONAL. — LE TRIBUNAL INTERNATIONAL PERMANENT. — LE POUVOIR EXÉCUTIF SUPÉRIEUR A TOUTES LES NATIONS. — L'IDÉE DES ÉTATS-UNIS D'EUROPE. — LE MOUVEMENT GÉNÉRAL EN FAVEUR DE LA PAIX DANS LES RÉUNIONS DE SAVANTS ET DANS LES CHAMBRES POLITIQUES DES DIVERS PAYS. — LA CONFÉRENCE DE BRUXELLES ET SES TRAVAUX RELATIFS AUX USAGES DE LA GUERRE. — L'INSTITUT DE DROIT INTERNATIONAL ET SA MISSION.

Les Craintes de l'avenir. — Notre siècle a vu se produire une étrange contradiction : en effet, tandis que, grâce aux efforts des hommes éclairés, les idées de paix remportaient dans la pratique des triomphes éclatants, les divers gouvernements, de leur côté, cédaient à un funeste entraînement vers la guerre. A quoi faut-il attribuer ces tendances opposées ? A l'impunité qu'ont rencontrée la violence et l'arbitraire dans les temps modernes. Des nations faibles ont été absorbées par des Etats puissants au mépris de la justice, et aucune voix n'a protesté contre des attentats aussi odieux. Peu à peu, grâce à ces actes coupables, la notion du droit s'est affaiblie, et le règne de la force s'est établi en Europe.

Les petits Etats redoutant ces funestes agressions qui s'étaient produites si fréquemment avec succès, et les grands Etats, craignant des représailles qu'ils avaient attirées par leurs crimes, n'ont plus trouvé de sauvegarde que dans l'augmentation de leurs forces militaires. En quelques années, les armées des différents peuples ont pris un développement formidable. A un signal donné, une puissance peut aujourd'hui mettre sur pied plusieurs millions d'hommes.

D'un autre côté, la science et l'industrie, qui ont procuré d'incontestables bienfaits à l'humanité, devaient lui apporter aussi de grands maux en révélant des procédés épouvantables de destruction. Avec les machines et les engins de guerre découverts de nos jours, la mort fait une rapide besogne dans les rangs des armées.

Ces préparatifs et ces progrès, qui épuisent actuellement la richesse des nations et diminuent leur bien-être, font pressentir pour l'avenir de terribles catastrophes. Les luttes futures doivent aboutir non-seulement à l'écrasement d'un Etat, mais peut-être même à la suppression de toute une race.

La guerre entre la France et l'Allemagne a déjà donné un aperçu des horreurs et des ruines qui doivent résulter actuellement de l'emploi des armes.

Si le sang des soldats est versé avec profusion sur les champs de bataille, les trésors qu'avaient réunis dans chaque nation le commerce et le travail sont aussi follement dissipés. On a évalué au chiffre inouï de *cinquante milliards* les dépenses faites depuis quinze ans par les divers peuples dans le but de soutenir la guerre !

Cet état de choses devait alarmer les savants qui, depuis longtemps, travaillaient à régler les rapports entre les peuples. Frappés de ces dangers, ils ont cru qu'il était de leur devoir de chercher à assurer des bases plus solides au maintien de la paix. Sans doute, la médiation et l'arbitrage ont jusqu'ici terminé heureusement plusieurs contestations graves et arrêté des nations sur le penchant de l'abîme, mais ces moyens peuvent dans certains cas être frappés d'impuissance. Des gouvernements légers et imprudents se décident encore, sous de vains prétextes, à se jeter dans les combats. Quelle autorité pourrait en effet, dans l'état actuel du droit international, les forcer à recourir à des arrangements amiables ? Lors même que les parties contestantes seraient décidées à écarter toute solution violente, elles pourraient voir échouer leurs intentions honnêtes en face des difficultés que rencontrent toujours la formation du tribunal d'arbitres et l'exécution de sa sentence. « L'arbitrage, a dit spirituellement un auteur, est une « planche dans un naufrage, mais non un moyen habituel de navigation. »

Déjà depuis longtemps, M. de Savigny, l'illustre savant, s'occupant de la situation actuelle du droit international, signalait trois grandes lacunes : l'incertitude des préceptes du droit des gens, l'absence d'un pouvoir politique supérieur et de magistrats capables d'appliquer la loi.

D'autres auteurs ont également compris qu'il restait un grand pas à faire et ils se sont mis à l'œuvre avec confiance. Appliquant à la solution du problème les enseignements de l'histoire, ils ont pensé qu'on pouvait adopter dans les rapports des Etats, les idées qui avaient amené l'ordre et la discipline au sein de chaque pays.

A l'origine, les individus dans chaque Etat, vengeaient eux-mêmes leurs injures et employaient la force pour régler leurs contestations; puis, peu à peu, ils avaient consenti à renoncer à ces procédés sauvages et à porter leurs difficultés devant des tribunaux investis d'un pouvoir nécessaire pour appliquer les lois. Pourquoi les nations, après avoir longtemps fait usage des armes et vidé leurs querelles sur les champs de bataille, ne voudraient-elles pas reconnaître au-dessus d'elles une autorité supérieure édictant des lois obligatoires pour toutes, veillant à leur application et faisant respecter ses décisions ?

Former un Code de toutes les règles éparses du droit des gens, instituer un tribunal permanent, établir une autorité supérieure au-dessus de tous les Etats : tel est le triple but que se proposent d'atteindre des jurisconsultes et des philosophes éminents. Les uns veulent dès maintenant réaliser ce vaste programme qui doit donner la paix au monde, les autres, au contraire, moins confiants dans leurs forces, proposent des systèmes transitoires en attendant le jour peut-être lointain, où les nations vivront entre elles dans la plus douce harmonie.

Nous allons examiner d'une façon rapide et impartiale quelle est la valeur théorique et pratique de toutes ces combinaisons ingénieuses.

Nous avons intitulé notre chapitre : « *l'avenir*, » parce qu'il embrasse toutes ces brillantes théories qui n'ont eu jusqu'ici aucune réalisation, et qui ne sont destinées à faire régner la paix entre les peuples que dans un avenir plus ou moins éloigné de nous.

La codification du droit international. — En signalant l'incertitude des principes du droit des gens, M. de Savigny avait montré la voie que devaient suivre les défenseurs de la paix. Il était, en effet, avant tout nécessaire de préciser les droits et les devoirs qui doivent régir les nations civilisées. Comment songer à établir un tribunal suprême, alors qu'aucune loi n'existe pour apprécier la valeur des prétentions de chaque partie? Sans doute, les relations entre les peuples ne sont pas livrées absolument au hasard, mais elles sont réglées par des sortes de coutumes dont l'interprétation est abandonnée à la bonne foi et à la sagesse des diplomates. Aussi quand une contestation s'élève, on ne trouve aucun texte positif d'après lequel on puisse déclarer promptement de quel côté est le droit.

Cet inconvénient considérable a été si bien senti dans la pratique que les gouvernements ont parfois accepté d'un commun accord des décisions générales sur quelques obligations internationales et les ont insérées dans les traités.

C'est ainsi qu'au Congrès de Paris de 1856 on a admis deux principes importants destinés à protéger la propriété privée sur mer (1). De même, depuis 1856, le monde civilisé reconnaît sans hésitation les deux gran-

(1) Le Congrès de Paris de 1856 a formulé les deux propositions suivantes :

« 1° Le pavillon neutre couvre la marchandise ennemie, à l'exception de la contrebande de guerre.

« 2° La marchandise neutre n'est pas saisissable, même sous le pavillon ennemi. »

L'Allemagne, en 1870, guidée un peu par son intérêt perdes règles suivantes : « Aucun Etat n'a de droits de souveraineté sur la pleine mer. — Les mers intérieures sont ouvertes à la libre navigation de tous les peuples. » Enfin dans ces dernières années, nous avons vu les puissances de l'Europe signer à Genève une convention pour assurer la neutralité aux ambulances et au personnel hospitalier (1).

Sans doute, ces premiers essais ont levé bien des doutes fâcheux sur certaines questions fort importantes pour l'humanité, mais ils sont limités à quelques points spéciaux et ils laissent subsister de très-grandes lacunes. Aussi les auteurs qui ont entrepris de mener à bonne fin le difficile problème de la suppression de la guerre, ont compris qu'ils devaient avant tout s'occuper de la codification générale des règles internationales. La réalisation de cette pensée devait rendre des services considérables ; elle allait, en effet, en fixant nettement les rapports entre les peuples, empêcher la naissance des conflits ou tout au moins faciliter beaucoup leur solution. La pratique apportait, du reste, un argument très-fort en faveur de cette opinion. On avait pu voir, lors des négociations si difficiles et si laborieuses du

sonnel, a demandé à la France l'abolition complète des prises maritimes et le respect de la marine marchande ennemie. Cette proposition a été repoussée par le gouvernement français.

(1) Convention de Genève du 22 août 1864.

traité de Washington, combien la tâche des diplomates avait été rendue plus pénible par suite de l'incertitude qui régnait au sujet des devoirs des neutres en temps de guerre. On fut obligé, lors du traité, d'admettre trois grandes règles sur la neutralité, afin de donner aux arbitres des moyens de rendre une décision.

Mais si l'entreprise d'un code du droit des gens présentait de grands avantages, elle rencontrait bien des obstacles dans son exécution. Elle nécessitait d'abord une entente des jurisconsultes et des diplomates sur la définition des droits et des devoirs des nations, elle exigeait en outre le consentement des diverses nations ou de quelques-unes d'entre elles à accepter le droit des gens ainsi arrêté.

Pour la première partie de la tâche, c'est-à-dire pour la détermination des rapports entre les peuples, les auteurs s'effrayaient peu des difficultés. Des publicistes, des philosophes et des économistes ayant une grande réputation de science et d'honnêteté, seraient chargés de réunir les règles éparses, de les préciser et de leur donner une formule. A ce propos, il est bon de remarquer que les jurisconsultes sont, par plusieurs publicistes, tenus à l'écart ; on leur reproche d'être trop prolixes et de mettre partout la confusion. Je note en passant cette critique, sans vouloir examiner si elle est fondée.

« Pour résoudre les questions controversées, dit

« M. dè Laveleye (1), il suffirait de suivre l'exemple « admirable de la conférence de Genève qui a réglé les « secours aux blessés sur les champs de bataille. Une « conférence composée des délégués des différents Etats « se réunirait pour fixer les règles concernant les points « de droit international. Chaque pays serait représenté « par un juriste spécial ou par un diplomate. Les « décisions seraient prises à la majorité des voix. »

Le code, une fois rédigé, devrait être approuvé et accepté comme réglement obligatoire par toutes les nations ou au moins par quelques-unes.

Ce côté politique du problème n'inquiétait pas davantage les intrépides novateurs. Les gouvernements accepteraient, comme en 1856 ou en 1864, des règles positives qui faciliteraient beaucoup les relations diplomatiques et empêcheraient les contestations de naître « exactement comme la clarté des articles du Code civil empêche les procès. »

Ce plan si habilement développé en théorie, devait jeter un peu d'étonnement parmi les hommes mêlés à la pratique des affaires et aux difficultés de la vie politique. Aussi des objections assez fortes n'ont pas manqué de se produire pour redresser des affirmations avancées sans examen sérieux.

(1) *Des causes actuelles de la guerre en Europe et de l'arbitrage,* par Emile de Laveleye. Guillaumin et Ce, 1873.

Est-il bien certain d'abord qu'il serait très-facile de s'entendre sur tous les points controversés du droit international? Une semblable tâche rencontrerait bien des obstacles dans les intérêts particuliers et dans les habitudes de chaque peuple. Il suffit de jeter un coup d'œil sur les travaux qui ont précédé plusieurs traités pour n'avoir plus aucun doute sur ce point. C'est seulement après bien des hésitations que l'Angleterre et les Etats-Unis qui désiraient cependant le maintien de la paix, ont pu arrêter la rédaction des trois fameuses règles du traité de Washington. De même, en 1856, les puissances assemblées déclarèrent que la course était et demeurait abolie. Mais les Etats-Unis qui se voyaient menacés dans leurs intérêts à cause de la faiblesse de leur marine de guerre, formèrent opposition à cette réforme et empêchèrent de donner à ce principe nouveau une valeur pratique universelle (1). Enfin, de nos jours encore, dans la conférence tenue à Bruxelles, lorsqu'il s'est agi de formuler quelques règles sur les usages de la guerre, les représentants des Etats ont eu tous des manières de voir différentes et pourtant ils étaient animés des intentions les plus sages et les plus conciliantes. Tous ces exemples prouvent combien est difficile une entente générale sur des questions aussi graves !

(1) L'Espagne et le Mexique n'ont pas voulu également renoncer au droit de délivrer des lettres de marque.

On a réfuté cette objection en montrant par les résultats de la Convention de Genève qu'une pareille œuvre n'était pas au-dessus des savants connus du monde entier par leurs talents. Du reste, les rapports de droit entre les peuples, a-t-on ajouté, n'ont pas besoin d'être fixés avec autant de rigueur que les relations entre les hommes d'une même cité. Les contestations en droit international ont un caractère plus général, aussi n'est-il pas nécessaire de décider une foule de petites questions de détail : « Les juges, « dit M. Patrice Larroque (1), prononçant souverai- « nement, doivent avoir une grande latitude pour « qualifier les faits, déterminer leur plus ou moins « d'opposition aux larges principes du droit public « et ordonner les moyens d'apaisement ou de répa- « ration qui ne peuvent manifestement pas être fixés « d'avance. »

Mais, a-t-on encore objecté, comment admettre un code pour une législation qui varie de jour en jour avec les événements politiques, avec la nature des gouvernements et avec le progrès des idées. On a repoussé cette assertion en disant que cette législation est variable comme toute autre avec le développement de l'intel-

(1) *De la création d'un Code de droit international et de l'institution d'un haut tribunal, juge souverain des différends internationaux*, par M. Patrice Larroque, chez Bellaire, rue des Saints-Pères, 71.

ligence humaine et qu'elle peut bien être enfermée dans un code soumis à des révisions fréquentes. « Il y a « longtemps, s'écrie M. Laboulaye (1), que nous avons « renoncé à l'idée d'un code éternel pour les peuples « qui se modifient tous les jours. Avant d'imposer aux « hommes un code immuable, il faudrait pétrifier le « genre humain. »

Enfin, en dernier lieu, on a prétendu que les nations qui reconnaissent et qui suivent dans la pratique certains grands principes du droit des gens, ne voudraient pas cependant se lier à l'avance par des obligations expressément formulées.

On a répondu à cela que les gouvernements avaient été fort empressés à accepter les stipulations des traités de Paris et la Convention de Genève et que, sûrement, ils ne refuseraient pas leur approbation à une œuvre plus complète, susceptible d'éviter des conflits et d'assurer le maintien de la paix.

Aussi, pour détruire la valeur de ces objections, des savants ont entrepris à eux seuls ce vaste travail de réunir dans un certain nombre d'articles tous les principes épars du droit international. Ils ont voulu par là montrer que le projet de codification générale pouvait être réalisé. Ils ont cherché en outre dans

(1) *Introduction au droit international codifié* de M. Bluntschli, par M. Laboulaye.

ces études à trancher des points controversés, afin de rendre plus facile la tâche de la diplomatie.

De pareils essais, se rencontrent déjà dans des temps éloignés de nous, mais ils ont été poussés fort loin dans ces dernières années.

C'est à Grotius que revient l'honneur d'avoir, un des premiers, formulé des règles précises sur plusieurs points importants du droit international. Son ouvrage célèbre intitulé : « *De jure pacis ac belli,* » a joui pendant fort longtemps d'une réputation qu'il méritait. Marchant sur les traces du jurisconsulte hollandais, Puffendorf et Vattel ont cherché à définir les rapports qui doivent unir les divers Etats. Leurs traités qui ont une grande valeur scientifique sont de nos jours encore invoqués par les nations qui ont entre elles des différends. Néanmoins, l'idée d'une codification générale de cette vaste matière n'a pris une véritable force que dans ce dernier siècle.

Il y a environ vingt ans, M. Parodo, publiciste génois essayait de réaliser cette délicate entreprise. De nouveaux efforts furent tentés dans le même but quelque temps après par divers écrivains.

Les instructions pour les armées en campagne par M. Lieber. — Pendant la guerre terrible de la sécession, le président Lincoln, voulant autant que possible circonscrire les horreurs de la lutte et protéger les droits de l'humanité, confia à M. Lieber le soin de réunir dans quelques articles les principales règles sur les droits et les devoirs des belligérants. Le célèbre professeur américain fit bientôt paraître sous le nom de : *Instructions pour les armées en campagne de l'Union américaine* (1), un véritable code des lois de la guerre sur le continent. Cet ouvrage, après une révision, fut accepté par le président Lincoln.

Dans ce projet, l'auteur examinait quelles étaient les exigences de la guerre et dans quels cas on devait recourir aux représailles. Il s'occupait du respect qu'on doit à la propriété privée de l'ennemi, et de la protection à laquelle ont droit les personnes, la religion, les arts, les sciences. Il définissait aussi les conditions qu'un individu, pris les armes à la main, doit réunir pour être traité comme prisonnier de guerre. Il indiquait les peines qu'on devait infliger aux partisans, aux rôdeurs armés, aux rebelles, aux espions, aux traîtres, aux messagers capturés. Enfin il donnait les règles qui devaient régir les armistices et les capitulations et défendait l'abus des drapeaux parlementaires.

Ce projet sans doute ne devait avoir d'effet que dans le pays où il était adopté, mais il pouvait dans

(1) Voyez l'appendice au livre de M. Bluntschli, ouvrage déjà cité.

l'avenir servir de règle de conduite à d'autres nations. Dans la conférence tenue récemment à Bruxelles, on voit s'agiter les mêmes questions, et souvent les mêmes solutions sont acceptées par les représentants des grands Etats de l'Europe. « Comme ces instructions, dit « M. Bluntschli (1), contiennent d'un bout à l'autre « des règles générales, relatives au droit international « dans son ensemble, et qu'en outre, la forme en la- « quelle elles sont exprimées est en corrélation avec « les idées actuelles de l'humanité et la manière de « faire la guerre chez les peuples civilisés, leurs effets « s'étendront certainement bien au-delà des frontières « des Etats-Unis ; elles contribueront puissamment à « fixer les principes du droit de guerre. »

Ce mouvement ne s'est pas arrêté là. L'idée de codifier tous les points de droit international a rencontré des adeptes, non-seulement parmi les philosophes et les jurisconsultes, mais aussi parmi les hommes politiques.

Dans ces dernières années, M. Henri Richard, l'ennemi acharné de la guerre, a proposé au Parlement anglais de réunir une conférence, afin d'arriver à formuler un Code de Droit International.

L'œuvre commencée par M. Parodo a été reprise, et aujourd'hui nous possédons plusieurs codes complets,

(1) Bluntschli, *Introduction*, p. 6, ouvrage déjà cité.

rédigés en articles, et embrassant toutes les règles qui, en paix comme en guerre, doivent régir les peuples civilisés. Parmi ces ouvrages, il en est deux surtout qui ont attiré l'attention du public, et qui dénotent de vastes connaissances juridiques ; ils sont dus, l'un à M. Dudley-Field, publiciste anglais (1) et l'autre à M. Bluntschli, célèbre professeur d'Heidelberg (2).

Le livre de M. Dudley-Field. — Le livre de M. Dudley-Field, intitulé : *Essai de code international*, a été publié dans des circonstances remarquables qui montrent l'impulsion donnée aux doctrines nouvelles.

Au mois de septembre 1866, l'association anglaise pour le progrès des sciences sociales, se préoccupant de la pensée d'assurer le maintien de la paix et voulant donner satisfaction aux réclamations formulées par les publicistes, nomma une commission composée de juristes des diverses nations dans le but de préparer un projet de code international.

M. Dudley-Field, voulant contribuer à ce grand travail vers lequel il était, du reste, entraîné par des études solides et par des goûts naturels, entreprit de réunir dans un volume, les solutions relatives à toutes les questions du droit international. Nous ne pouvons en-

(1) David Dudley-Field, *Drast outlines of international Cod.*

(2) Ouvrage déjà cité.

trer dans l'examen détaillé de cet ouvrage, nous nous bornons donc à faire quelques remarques générales, nous réservant de donner notre façon de voir sur toutes ces codifications à propos du livre de M. Bluntschli.

En publiant son œuvre, M. Dudley-Field n'a pas eu simplement un but scientifique, il a songé aussi au côté pratique du problème. Il a pensé que son projet servirait de guide aux diplomates et aux jurisconsultes appelés à rédiger le Code définitif et qu'avec quelques modifications, il deviendrait la loi écrite des nations. Cette espérance sera-t-elle réalisée dans l'avenir? Ce progrès immense sera-t-il accompli un jour? Je n'oserais affirmer le contraire, mais je crains bien qu'un pareil résultat ne puisse être acquis sans une complète transformation des idées des peuples.

Peut-on s'attendre, en effet, à voir les nations si fières de leur indépendance et si jalouses de leur puissance, se plier à des règles fixes qui entraveraient leur liberté et gêneraient leur essor? Ce sera seulement, grâce à la ténacité des philosophes, et surtout grâce à la sagesse des gouvernements qu'on pourra arriver un jour à cet accord général sur tous les points de droit controversés.

S'il est facile en théorie de déterminer les prérogatives de la souveraineté des Etats, de donner les règles du droit de conquête, ou encore de poser les conditions d'une annexion ; il n'est pas aussi aisé dans la pratique de faire accepter ces définitions et ces prescriptions par tous les Etats de l'Europe. On se heurtera forcément contre les passions, les intérêts ou les préjugés de chaque pays. Un semblable plan serait d'exécution très-simple si toutes les associations d'hommes avaient entre elles une communauté parfaite de vues et de sentiments, mais cet état idéal est loin d'exister à notre époque.

Quoique ces remarques soient bien fondées, on ne pourrait sans injustice exagérer l'esprit de critique. En faisant abstraction de ces illusions d'un auteur optimiste, on trouve dans le livre de M. Dudley-Field, des doctrines justes et élevées et des solutions parfaitement d'accord avec la conscience du monde civilisé. Dans une sphère moins vaste, mais encore assez étendue, l'ouvrage du savant publiciste anglais peut rendre des services incontestables en propageant des principes qui sont encore peu connus du commun des hommes et qui sont souvent mal appliqués par les diplomates.

Le Droit international codifié par M. Bluntschli. — M. Bluntschli a su échapper aux rêves trop brillants de M. Dudley-Field. En composant lui aussi un traité général, le savant professeur n'a pas des prétentions très-grandes, il ne songe pas à préparer un code qui sera ensuite admis en entier par les divers Etats, il veut seulement réunir et préciser les idées qui sont aujourd'hui dans le domaine du monde civilisé.

L'auteur annonce du reste lui-même dans son introduction le but de son entreprise : « Ces codes, dit-il, « n'ont d'autre autorité que celle de la science et pour « autant qu'ils sont conformes à la vérité et à la justice. « Ces travaux ont donc une autorité morale, interne, « soumise à la critique de tous les temps, libre avant « tout et non point cette autorité inattaquable, soutenue « par des forces extérieures et qui est le propre des « lois. Encouragé par l'essai fait en Amérique, nous « voulons tenter dans cet ouvrage une codification du « Droit international. Notre but sera atteint, si nous « réussissons à formuler clairement les idées actuelles « du monde civilisé. » M. Bluntschli n'est donc pas ambitieux, il poursuit un but purement scientifique, il veut uniquement établir le droit en vigueur de nos jours. Mais, comme tous les esprits supérieurs, il n'a pu supporter des limites aussi étroites, et, sans le savoir, il a fait une œuvre utile à bien d'autres points de vue. En effet, en levant sur plusieurs questions les doutes et les incertitudes, il a ouvert la voie à de nouveaux progrès.

L'œuvre de M. Bluntschli, qui a accompli dans la science une véritable révolution, a rencontré de la part de quelques écrivains de vives critiques. On a surtout reproché au célèbre professeur d'Heidelberg de ne poser aucun principe solide et de se laisser dominer complétement par les faits. Un pareil grief ne s'appuie sur aucun fondement sérieux et s'évanouit, dès qu'on examine ce livre remarquable sans parti pris et avec réflexion. Sans doute l'auteur a trop de bon sens pour s'abandonner aux rêves chimériques et aux vulgaires déclamations, mais il se garde bien aussi d'élever au rang des règles du droit international tous les usages et toutes les façons d'agir que suivent les diplomates. En sa double qualité de philosophe et de jurisconsulte, il se tient à égale distance de ces deux écueils et après avoir posé des principes déduits de la notion abstraite du juste, il les tempère, il les adoucit, il les met en harmonie avec les idées actuelles du monde civilisé.

Cette union de la pratique et de la théorie, sagement comprise et mise en œuvre d'une façon large peut contribuer beaucoup au développement du droit international en indiquant aux divers peuples ce qui a été fait et ce qui reste à faire.

Au reste, pour réduire à néant toutes ces attaques, ne suffit-il pas de reproduire la définition du droit international, telle qu'elle est donnée par M. Bluntschli : « Le droit international, dit-il, est l'ensemble des faits « et principes reconnus qui réunissent les divers Etats « en association juridique et humanitaire et assurent « en outre aux citoyens des divers Etats, une protection « commune pour les droits généraux résultant de leur « qualité d'homme. » Ne trouvons-nous pas dans ces quelques lignes l'expression de ces deux tendances indispensables à celui qui se propose d'étudier sérieusement les relations entre les peuples !

M. Bluntschli admet comme base du droit international l'égalité entre les peuples qui dérive de la nature humaine elle-même : « La nature humaine, s'écrie-t-il, « est le lien naturel entre les peuples ; c'est sur elle « que repose l'unité de l'humanité. En conséquence, « chaque peuple a le droit d'exiger que les autres res- « pectent en lui la nature humaine et il a l'obligation « de la respecter chez les autres. »

Ainsi, dans ce système, le droit international n'est point exclusivement le produit de la libre volonté des Etats, il est obligatoire, parce qu'il est avant tout nécessaire.

Une idée qui semble dominer tout le livre de M. Bluntschli est la distinction nettement posée entre la religion et le droit. Indiquant avec précision cette grande ligne de démarcation, l'auteur laisse entrevoir tous les résultats fâcheux pour la science que peut engendrer une confusion faite par ignorance ou par esprit de parti. Pour lui, la religion unit les hommes à Dieu, tandis que le droit règle les rapports des hommes entre eux : « Les questions de droit international, dit- « il, doivent être décidées non d'après des dogmes « révélés, mais d'après des règles humaines. Le moyen- « âge a pu trouver naturel de restreindre le droit inter- « national à l'humanité chrétienne et les Etats maho-

« métans de faire payer le tribut aux infidèles. L'huma-
« nité actuelle, quoique soumise à l'action de religions
« différentes, a conscience de son unité. »

Transportant cette sage façon de voir dans le domaine des faits, l'illustre savant condamne avec tout le poids de son autorité la Sainte-Alliance, ce curieux assemblage d'idées politiques et religieuses qui ne pouvait satisfaire ni les consciences modernes, ni les besoins des nations civilisées.

« La Sainte-Alliance, dit-il, en basant le droit inter-
« national uniquement sur la religion, méconnaît la
« distinction entre la religion et le droit. Comme elle
« n'est applicable qu'aux peuples chrétiens et exclut
« les Etats non chrétiens du concert des nations,
« elle rétrécit la portée du droit international. »

Suivant cette large doctrine, la sphère du droit international, droit général de l'humanité, est immense. Le domaine des règles internationales s'étend à toute la surface du monde, il embrasse tous les peuples sans distinction de religions ou de races.

Dans un chapitre fort curieux, intitulé : *Violations du droit international*, le jurisconsulte allemand admet d'abord le droit de légitime défense pour les Etats comme pour les particuliers, puis il se préoccupe de la solution amiable des conflits. Tout en recommandant de ne recourir aux armes qu'en cas de nécessité absolue et de préférer les voies pacifiques, il ne se laisse point aller à des projets chimériques et il craint, avec raison, de ne rien obtenir en demandant trop.

Sans doute, les négociations diplomatiques et la médiation des puissances neutres pourront apaiser bien des différends, cependant elles ne seront pas dans tous les cas efficaces.

Il ne faut pas non plus exagérer la valeur de l'arbitrage, néanmoins on peut espérer pour l'avenir qu'un congrès international « réussira peut-être à imposer, « pour de certains conflits du moins, l'obligation de « se soumettre à la décision d'arbitres et réglera en « même temps la procédure à suivre en pareil cas. »

Au reste, poursuivant le but qu'il s'est imposé, l'auteur trace les règles relatives à la formation des tribunaux d'arbitres et à la valeur de leurs décisions, et les offre comme un modèle que les nations pourront adopter dans certaines circonstances.

Ainsi, il est difficile de trouver un écrivain à la fois aussi modéré dans ses réformes et aussi élevé dans ses doctrines !

Les événements de 1870 et les craintes qu'inspire l'avenir devaient attirer l'attention de M. Bluntschli sur la guerre et sur les calamités qu'elle entraîne. Un pareil sujet, présentait de grands périls à cause des souvenirs récents de la lutte entre la France et l'Allemagne. Il fallait, pour rester dans la vérité, s'élever dans les régions calmes de la science et imposer silence aux passions et aux rancunes. Le professeur d'Heidelberg, grâce à la supériorité de son esprit, a su s'acquitter de sa tâche avec honneur et échapper à tout reproche (1). Dans son livre VII, relatif à la guerre, il condamne les entreprises qui ont pour but l'extermination et l'anéantissement de certains peuples : « On peut, dit-il, en « temps de guerre, faire ce qui est exigé par les opéra- « tions militaires, c'est-à-dire ce qui est nécessaire « pour atteindre le but de la guerre, sans violer les « droits généraux de l'humanité et les usages reçus en « guerre par les nations civilisées. » M. Bluntschli, en interdisant au nom de l'humanité les moyens sauvages et odieux, montre une impartialité digne d'un noble cœur et d'un grand esprit. Allemand et patriote, il ne craint pas cependant de flétrir les pratiques barbares des armées allemandes dans la guerre de 1870, et il s'élève avec force contre le bombardement des places ouvertes et la célèbre théorie du moment psychologique des villes assiégées. Quels éloges ne doit-on pas décerner à celui qui a eu le courage, au milieu de l'enthousiasme général d'un peuple victorieux, de faire entendre des paroles de raison et de justice !

Des auteurs, dans des publications très-récentes, ont

(1) Il est à regretter que M. Bluntschli n'ait pas toujours montré, dans l'appréciation des événements contemporains, une aussi grande impartialité.

beaucoup vanté l'idée d'une codification générale, mais moins courageux que MM. Dudley-Field et Bluntschli, ils ont reculé devant la grandeur de l'entreprise. M. Larroque (1), qui est un philosophe et non un jurisconsulte, semble vouloir distraire plutôt qu'instruire ses lecteurs. C'est ainsi qu'il développe les fondements d'un Code international dans un langage plus brillant que solide. « Le principe de l'entière indépendance des « nations, dit-il, doit constituer la base même du droit « international. Il faut y joindre la liberté de commerce, « de l'industrie, des croyances, la suppression des ar- « mées permanentes, la liberté des mers, la protection « aux étrangers. » Avec des formules aussi vagues, le Droit international risquerait bien de ne pas faire un pas en avant.

Ainsi qu'on a pu en juger par cet aperçu, ces codifications générales, alors même qu'elles ne deviendraient pas la loi écrite des nations, peuvent rendre dès maintenant de précieux services à la cause de la civilisation. En précisant les règles généralement admises et en les faisant connaître dans le public, elles éviteront ces querelles et ces récriminations qui souvent amènent de funestes événements. Grâce à ces formules claires, les peuples, fixés sur leurs droits et leurs devoirs réciproques, verront leurs relations

(1) Ouvrage déjà cité.

devenir plus solides et plus amicales. En outre, si un conflit éclate entre deux pays, les arbitres qui seront appelés à connaître du litige, auront une base certaine pour établir leurs décisions. Enfin, en temps de guerre, les belligérants hésiteront à commettre des actes qui les exposeraient à être mis au ban des Etats civilisés. Telle est la véritable utilité pratique de ces vastes travaux de codification (1).

Le tribunal suprême et permanent destiné à juger les contestations entre les divers Etats. — Après la rédaction et la reconnaissance du Code international, il s'agissait de trouver des juges capables d'appliquer la nouvelle loi que les nations venaient d'accepter d'un commun accord. C'était la seconde face du problème.

La nécessité d'un tribunal souverain et permanent devant lequel les Etats, renonçant à l'emploi des armes, porteraient leurs griefs, s'impose naturellement à tous les esprits : « Le remède, s'écrie M. « Laveleye (2), consiste à formuler d'abord un Code de « lois internationales, déterminant les droits et les de-

(1) Les gouvernements de l'Europe, imitant le sage exemple du président Lincoln, devraient faire rédiger un petit livre sur les devoirs généraux des belligérants, à l'usage des officiers et des soldats.

(2) De Laveleye, ouvrage déjà cité.

« voirs des nations les unes à l'égard des autres, en « temps de paix et en temps de guerre ; en second « lieu, à instituer un système d'arbitrage permanent « avec une haute cour des nations pour régler les diffé- « rends qui pourraient s'élever entre les Etats, ayant « accepté le nouveau Code du droit international. »

Sans doute l'arbitrage rendait depuis plusieurs siècles de réels bienfaits au monde, mais il présentait une organisation défectueuse.

On attendait en effet dans la pratique, la naissance de chaque contestation pour former un tribunal d'arbitres ; cette façon de procéder entraînait des pertes de temps et quelquefois rendait inutiles les bonnes intentions des deux parties. Pendant que les cabinets cherchaient à s'entendre sur le choix des arbitres, la vanité des deux peuples élevait la voix et poussait les gouvernements à une rupture. C'est ainsi que le traité Clarendon-Johnson reçut un échec déplorable et que six ans se passèrent avant la conclusion du traité de Washington. Pendant tout ce laps de temps, les difficultés entre l'Amérique et l'Angleterre restèrent en suspens, au grand détriment de la paix générale.

A ces inconvénients graves que présentaient ces tribunaux établis pour les besoins du moment, on opposait les avantages incontestables d'une juridiction fixe et permanente, organisée en dehors de toute préoccupation d'intérêt et de toute passion politique.

Cette idée n'était pas nouvelle : elle avait compté dans les siècles passés d'éloquents et d'illustres défenseurs. Par une bizarrerie inexplicable, elle avait trouvé un accueil favorable, non-seulement chez les philosophes, mais aussi chez les hommes politiques.

Il est à coup sûr curieux de voir des personnages, mêlés aux difficultés des affaires et par conséquent exempts d'illusions, accepter des théories formulées par des rêveurs. Cependant ce fait est assez fréquent dans l'histoire. Encore de nos jours, Napoléon III demandait aux autres puissances des gages de tranquillité pour l'avenir par la réunion d'un grand congrès, et en même temps il cherchait toutes les occasions de troubler la paix de l'Europe et de ruiner la France par de folles entreprises. Il ne faut donc pas trop nous étonner de voir Henri IV et d'autres princes, aimant les chances et les périls des combats, concevoir la pensée d'une Cour suprême, établie au sein de l'Europe pour éviter les conflits. « J'ai rêvé, disait l'empe-
« reur de Russie, Alexandre VI, qu'une entente s'éta-
« blissait entre tous les chefs de gouvernements pour
« soumettre leurs différends à un arbitrage au lieu de
« les résoudre par les armes. »

Toutes ces conceptions vagues des souverains parvenus au faîte de la puissance et désireux de maintenir les résultats de leurs conquêtes, présentent un intérêt de curiosité, mais elles n'ont aucune valeur scientifique.

Pendant que les princes voulaient bien s'occuper du bonheur des peuples, les jurisconsultes et les philosophes, de leur côté, poursuivaient le même but avec plus de conviction et d'ardeur. Attristés par le spectacle de guerres incessantes et terribles, ils appelaient de toutes leurs forces un désarmement général. Grotius se fit l'organe de ces aspirations élevées et généreuses. Malgré son esprit pratique et son habitude de la vie politique, il crut cependant à la possibilité de faire disparaître le fléau qui désolait depuis si longtemps la terre. Il conseilla à plusieurs reprises de constituer un congrès général composé des délégués des divers Etats et chargé de régler par des décisions impartiales les contestations qui naîtraient.

Les philosophes, à leur tour, ne pouvaient négliger l'examen d'une question qui intéressait à un si haut degré l'avenir de l'humanité. Leibnitz, William Penn et bien d'autres s'enflammèrent pour la théorie nouvelle et la soutinrent avec tout le prestige de leur autorité.

On voit Kant parler avec un enthousiasme un peu exagéré d'un congrès de la plupart des cours de l'Europe, tenu à la Haye, vers le milieu du dix-huitième siècle. « De cette manière, s'écrie le philosophe, dans « l'élan de sa joie, se formait dans toute l'Europe un « état fédératif, dont tous les membres ont soumis « leurs différends à l'arbitrage de cette conférence, « comme leur souverain juge. » Nous savons ce qu'il faut penser de cette réunion des ministres de tous les Etats. Les événements qui désolèrent la fin du dix-huitième siècle et le commencement du dix-neuvième, montrent assez la valeur de ces grandes et solennelles déclarations qui, faites dans un moment d'entraînement, ne tardent pas à tomber dans l'oubli.

En France, l'abbé de Saint Pierre, donna à ces doctrines une forme nouvelle. Reprenant la pensée d'Henri IV et de Sully, il rédigea un projet de convention qui devait être adopté, suivant lui, par toutes les nations. L'article 3 était ainsi conçu : « Les grands alliés pour terminer entre eux leurs différends présents et à venir, « ont renoncé et renoncent à jamais, pour eux et leurs « successeurs, à la voie des armes et sont convenus de « prendre dorénavant la voie de la conciliation, par la « médiation du reste des grands alliés. »

Tentatives faites à notre époque en vue de l'établissement d'une Haute Cour internationale. — Dans notre siècle, la théorie d'une Haute Cour suprême et permanente s'est produite sous un aspect plus scientifique. Négligée un peu par les philosophes, elle a été reprise par les jurisconsultes, qui ont cherché à transformer le rêve en une réalité.

Ces tendances nouvelles se sont manifestées par diverses publications et par des propositions adoptées dans des réunions de savants.

En Angleterre, aux Etats-Unis, en France, des sociétés de moralistes et de publicistes se formèrent pour préparer le triomphe des divers systèmes qui avaient été développés par tant d'écrivains éminents. C'est ainsi que la *American Peace Society* pria le Congrès des Etats-Unis de faire une proposition aux autres Etats, au sujet de la constitution d'une haute cour des nations, composée, non de souverains, mais de citoyens éminents des divers pays. Cette haute juridiction devait décider souverainement des différends qui pourraient surgir.

En Angleterre, le même mouvement s'est produit. *La Société internationale de la paix* a décidé dans son meeting du 22 juin 1871 qu'il appartenait au gouvernement anglais : « de prendre l'initiative pour l'éta-« blissement d'une haute cour des nations, chargée de « régler les différends internationaux. »

La société anglaise *pour l'avancement des sciences sociales* s'est engagée plus avant dans cette voie. Ne se contentant plus de poser le principe et les fondements de cette juridiction suprême, elle a chargé son comité de préparer un travail sur les détails d'organisation et de procédure.

La France a cédé aussi à cet entraînement général vers la paix : des sociétés se sont formées, et elles ont pris des résolutions dans le même sens.

Les écrivains modernes ont prêté l'appui de leurs connaissances historiques et juridiques à la grande thèse du tribunal international permanent. MM. Dudley-Field, Lorimer, de Laveleye, Patrice Larroque ont publié des écrits qui ont produit une grande impression dans le public. Ces auteurs qui reconnaissent tous la nécessité de l'établissement d'une haute cour arbitrale permanente, présentent des plans très-variés et très-ingénieux sur les questions d'organisation. Ils entrent dans des développements très-curieux sur le mode de recrutement de ces juges suprêmes, sur leurs manières de procéder et sur leurs attributions. En général, ces combinaisons brillantes sont empruntées aux législations et aux constitutions intérieures des divers pays. M. Miles, publiciste américain, dit que le tribunal international permanent aurait la même mission et le même fonctionnement que la Cour fédérale des Etats-Unis.

Préoccupé surtout du sort des blessés sur les champs de bataille, M. Moynier a proposé de créer une institution judiciaire internationale, pour prévenir et réprimer les infractions à la Convention de Genève : « Ce « tribunal aurait pour mission, dit le projet, d'examiner toutes les plaintes qui lui seraient transmises « par les gouvernements intéressés. Il formulerait son « opinion pour chaque cas particulier, par un verdict « de culpabilité ou de non culpabilité et prononcerait « la peine encourue. »

Idées générales sur l'organisation du Tribunal international. — Nous devons examiner rapidement les bases de l'organisation de la Cour internationale; nous pourrons ainsi apprécier d'une façon plus juste si cette institution a une valeur pratique et si elle peut aisément être établie.

Les auteurs sont surtout en désaccord lorsqu'il s'agit du recrutement de ceux qui vont être investis d'une mission si haute.

Quelques publicistes appellent à siéger dans la Cour suprême les souverains eux-mêmes ou leurs représentants diplomatiques. Mais ce choix a été vivement combattu par ce motif que les agents des divers Etats apporteraient toujours des préoccupations politiques fâcheuses dans ces débats et seraient disposés dans leurs décisions, à favoriser l'une des nations contestantes. M. Larroque n'hésite pas à qualifier d'une façon très-dure une semblable idée.

On propose aussi de prendre pour juges des jurisconsultes, rendus célèbres par leurs travaux, qui pourraient ainsi offrir de grandes garanties de savoir et d'impartialité. Mais on a répondu que des professeurs de droit manquent en général de sens pratique et ne sont pas habitués à débrouiller des affaires très-compliquées.

On a offert alors de former un tribunal mixte, composé de savants et de diplomates, afin d'éviter les inconvénients qui pourraient résulter de. tendances exclusives. Cette proposition compte beaucoup de partisans.

Chaque Etat serait représenté dans le tribunal, sans qu'il y ait lieu de considérer son importance et sa puissance.

Pour éviter toutes les jalousies et les influences fâcheuses, la Cour siégerait dans un petit Etat neutre, par exemple en Belgique ou en Suisse.

La Cour serait permanente, quant à sa composition, mais elle ne siégerait que lorsqu'il y aurait un conflit à régler.

Pour empêcher les essais de corruption, les membres s'engageraient à l'avance à n'accepter aucun présent. Ils ne seraient pas salariés, mais ils recevraient une indemnité pour frais de déplacement et de séjour.

La Cour suprême aurait des attributions fort larges ; elle pourrait connaître de tout litige et prononcer des décisions sur toutes les difficultés, mais elle n'aurait pas le droit d'intervenir dans les affaires intérieures des Etats.

Un auteur anglais, ne craignant aucun obstacle, a rédigé pour la cour internationale une procédure analogue à celle qui est en vigueur dans la législation intérieure de plusieurs Etats de l'Europe.

Suivant cet écrivain, lorsqu'une nation aurait des griefs contre une autre nation qui aurait blessé ses intérêts ou ses droits, elle lui adresserait un exploit introductif d'instance. Une tentative de conciliation serait faite dans les six mois. Si les parties ne s'accordaient pas, l'affaire serait portée alors devant le jury international.

Ces points de détail ont peu d'importance, mais ils prouvent le progrès qui a été réalisé dans cette voie.

Objections présentées contre la création d'un tribunal permanent. — Le système d'un tribunal international permanent, malgré les conceptions ingénieuses de ses défenseurs, ne pouvait manquer de rencontrer des adversaires. Il a, en effet, soulevé parmi les savants et les hommes politiques des critiques très-justes auxquelles nous nous associons pleinement.

Une pareille institution, a-t-on dit, ne peut pas être établie dans l'état actuel des idées qui dominent chez toutes les nations de l'Europe. Il est bien difficile d'admettre, en effet, que les peuples qui ont des intérêts différents et qui sont divisés par des rivalités presque séculaires, consentiront à l'avance à venir porter devant cette haute cour toutes leurs contestations. Voudront-ils prendre l'engagement formel de confier à l'appréciation de quelques jurisconsultes ou de quelques diplomates leur grandeur et peut-être même leur existence ? Du reste, quelle garantie offriraient en pareille matière des juges même choisis avec soin ? En écartant la pensée de corruption et de partialité volontaire, il faut bien reconnaître que ces arbitres subiront plus ou moins la pression des événements et la force de l'opinion publique. Tout homme, en effet, malgré l'élévation de son caractère et le sentiment de son devoir, porte en lui des passions avec lesquelles il faut compter.

Des nations peuvent, pour une difficulté qui vient à surgir, accepter la décision des arbitres, mais elles refuseront à coup sûr de se lier pour l'avenir.

Comment admettre le règlement par un tribunal permanent de questions qui touchent, par exemple, aux prérogatives de la souveraineté ? Une pareille pensée ressemble assez à une utopie.

Je veux cependant faire une concession aux partisans de l'arbitrage permanent, et admettre pour un instant l'accord de tous les peuples sur la nécessité de cette institution. Quelle sera la force de cet engagement ? A peine signé, le contrat sera violé par quelque grande puissance ou par un audacieux conquérant, peut-être même sera-t-il détruit expressément ou tacitement par la volonté de toutes les parties signataires. M. Godschmidt, dans un rapport lu dans la séance de 1874 de l'Institut international, met très-bien en relief ce côté faible de la théorie : « Jamais, dit cet auteur, des Etats « possédant quelque force de résistance, ne s'inclineront « devant un juge lorsqu'il s'agira de leurs intérêts su- « prêmes ou réputés tels. Les efforts les mieux inten-

« tionnés viendront échouer contre ces intérêts et les « passions qu'ils suscitent. Aucun tribunal n'aurait pu « prévenir les luttes séculaires entre l'Angleterre et « la France au sujet des prétentions anglaises sur des « parties du territoire français, ni la lutte de la France « et de la maison d'Autriche et d'Espagne pour la pré- « pondérance en Italie, ni celle des Hollandais et des « Espagnols, ni la guerre de Trente ans, ni la guerre « entre l'Autriche et l'Italie, l'Autriche et la Prusse, l'Al- « lemagne et la France, ni la grande guerre d'Amérique. « Ni Louis XIV, ni Napoléon Ier n'auraient consenti à sou- « mettre à des arbitres leurs prétentions à la domi- « nation du monde. » Il serait difficile de ne pas reconnaître la justesse de ces paroles et la force de ces enseignements historiques.

Aussi des auteurs très-considérables partagent pleinement cette manière de voir, et malgré leur amour de la paix, ils n'osent pas compter sur la réalisation prochaine d'un projet aussi beau. Les opinions de MM. Calvo, Lorimer, Bluntschli écartent assez tout soupçon d'idées préconçues et de mesquines jalousies dans cette controverse.

Peut-être cette idée d'une juridiction permanente se réalisera un jour, car dans notre matière il est bien difficile de prononcer avec certitude le mot : « Jamais, » mais on peut dire dès maintenant que ce progrès ne pourra pas s'accomplir sans une grande transformation dans les opinions des peuples. M. Larroque aura beau affirmer aux nations qu'elles n'ont à craindre aucun péril en soumettant leurs contestations à un tribunal permanent, ayant des fonctions purement judiciaires, il ne parviendra pas à coup sûr à faire disparaître toutes les craintes et toutes les défiances.

L'Idée d'un pouvoir supérieur à toutes les nations. — Dans tout Etat civilisé existe une autorité supérieure qui a reçu la mission de veiller à la conservation de l'ordre social. Quel pouvoir suprême allait diriger et contrôler les relations entre les divers peuples ? Comment pourrait-on assurer le respect de la loi commune et faire exécuter les décisions rendues par la Cour suprême et permanente ?

Telles étaient les graves questions qui devaient préoccuper tous les esprits, car de leur solution dépendait le sort de toutes ces brillantes et ingénieuses théories.

Il s'agissait donc de trouver cette sanction qui devait assurer l'efficacité de toutes ces conventions faites pour empêcher le recours à la force.

L'abbé de Saint-Pierre avait été frappé de cette nécessité, et dans son projet relatif à l'organisation d'une Cour suprême, il disait : « Si quelques-uns des grands « alliés refusent d'exécuter le jugement et les réglements de la Grande-Alliance, négocie des traités con« traires et fait des préparatifs de guerre, la Grande-

« Alliance agira contre lui offensivement, jusqu'à ce « qu'il ait exécuté lesdits jugements ou réglements ou « donné sûreté de réparer le tort causé par les hosti- « lités et de rembourser les frais de la guerre suivant « l'estimation qui en sera faite par les commissaires de « l'Alliance.»

Les écrivains modernes qui ont travaillé à l'établissement d'une haute cour suprême destinée à régler les différends internationaux ont compris que leur système resterait bien imparfait, si aucune force ne pouvait retenir chaque peuple sous la règle commune. Aussi les publicistes comme les philosophes s'accordent pour dire que le tribunal suprême, dans le cas où deux nations refuseraient d'accepter sa juridiction ou de respecter ses sentences, pourrait demander l'appui des autres puissances signataires du contrat. Toutes les nations doivent, en effet, reconnaître comme l'adversaire commun le gouvernement qui, refusant d'accepter la décision arbitrale, voudrait assurer par la force le triomphe de ses prétentions.

Cependant cette autorité supérieure, chargée de veiller au maintien de la paix, présente elle-même bien des dangers. N'est-il pas à craindre en effet que les puissances, sous prétexte de faire exécuter les volontés de la haute cour, ne cherchent à opprimer des nations rivales et à assurer leur prédominance ? Pour éviter des guerres isolées, on aurait ainsi inauguré, par ces combinaisons artificielles, le règne de la violence et de l'arbitraire. Le remède serait pire que le mal : l'Europe, au lieu d'être troublée par quelques luttes à de grandes distances, serait plongée dans un état continuel d'anarchie. En voulant réaliser trop rapidement de beaux rêves, on aurait ramené le monde aux temps de la barbarie.

Ces craintes qui ne sont pas complétement chimériques, ont saisi quelques esprits et les ont arrêtés au milieu de leurs conceptions ingénieuses. M. de Laveleye (1) est un de ces auteurs qui ont été frappés du danger d'accorder au tribunal international le secours d'une grande force. Il fait à ce sujet des remarques pleines de justesse. Après avoir déclaré que la cour arbitrale ne pourra disposer d'aucune troupe, il s'écrie : « Autrement les nations cesseraient d'être indé-
« pendantes, on aurait consacré un droit universel
« d'intervention et tout débat même insignifiant pour-
« rait donner lieu à une guerre générale. On se trou-
« verait en présence d'une Sainte-Alliance grandie, ce
« qui serait une médiocre garantie pour le progrès de
« la liberté. »

M. Patrice Larroque (2) critique fort cette conclusion

(1) De Laveleye, ouvrage déjà cité.

(2) Patrice Larroque, ouvrage déjà cité.

qui lui paraît étrange. Il trouve avec raison que la sentence de tout juge n'a aucune utilité s'il n'existe pas une force suffisante pour la faire respecter. « On se « rirait, dit-il, de ces décisions, comme le voleur ou « l'assassin se rirait de la sentence de la justice, s'il « ne voyait pas le gendarme derrière le juge. » Cette réponse de M. Larroque est pleine de sagesse, mais elle ne réfute nullement la grave objection soulevée par M. de Laveleye, et elle tend uniquement à affirmer un point qui est hors de controverse.

Ainsi, nous le voyons, les auteurs qui proposent la promulgation d'un Code du droit des gens et la création d'un haut tribunal international, sentent qu'il est indispensable de trouver une sanction à toutes ces prescriptions, mais ils sont divisés sur la nature de cette sanction. Les uns, comptant sur la bonne foi et l'amour-propre des nations, croient que l'opinion publique suffira pour empêcher les infractions et la violation des engagements. Les autres, moins optimistes, se défient avec raison des instincts violents qui existent chez tous les peuples, et réclament des moyens de coercition plus énergiques et plus efficaces.

Il est en effet bien difficile de sortir de cette impasse que M. Rollin-Jacquemyns (1) a fort bien mise en évi-

(1) Rollin-Jacquemyns, *Revue de Droit international,* année 1873.

dence. « Si, dit-il, un pareil tribunal ou un pareil législateur était assez puissant pour que l'on n'essayât pas même de résister à ses décisions, un pouvoir aussi immense sur tout l'ensemble du monde civilisé constituerait un danger bien plus qu'une garantie ; et si, au contraire, l'efficacité de ses décisions pouvait être combattue, leur valeur pratique au point de vue du maintien de la paix diminuerait d'autant. » Tel est le terrible dilemme qui s'élève contre toutes ces belles théories et qui doit retarder longtemps encore leur réalisation.

Les Etats-Unis d'Europe. — Frappés des inconvénients et des lacunes que présentaient ces réformes partielles, des publicistes et surtout des économistes ont voulu établir un système plus général et plus complet. Ils ont admiré la prospérité et le développement des Etats-Unis, ils ont analysé les rouages de cette grande Confédération et ils ont songé à former l'Union des peuples de l'Europe sur le même modèle.

D'après cette théorie nouvelle, les divers Etats, adoptant de préférence la forme républicaine, établiraient entre eux une grande association. Aux termes de la constitution, un pouvoir législatif, judiciaire et exécutif, placé au centre, veillerait au maintien des statuts du pacte fédéral et défendrait au besoin par les armes l'ordre menacé.

De nos jours, ces idées ont été fortement soutenues par des écrivains appartenant aux diverses branches des sciences morales et politiques. On a même vu des hommes, habitués aux affaires, admettre la possibilité de former une vaste Confédération des Etats d'Europe.

M. le président Grant, dans son message de 1873, disait : « Comme le commerce, l'industrie et le trans- « port rapide de la pensée et de la matière par « l'électricité et la vapeur ont changé toutes choses, « je suis disposé à croire que l'auteur de l'univers « prépare ce monde à devenir une seule nation, « parlant une même langue, ce qui rendra armées « et marines désormais superflues. » Ce langage philosophique étonnera à coup sûr dans la bouche du premier magistrat d'un grand pays, cependant il est pleinement justifié par les craintes qu'inspirent de nos jours les armements effrayants de plusieurs Etats.

Le système de la confédération des Etats d'Europe, seul logique, peut assurer le maintien de la paix par le fonctionnement d'une constitution régulière, mais présente-t-il des chances de succès ? Croit-on être dans la vérité lorsqu'on veut appliquer aux divers Etats de l'Europe les institutions de l'Amérique ? Un semblable projet me paraît méconnaître les sentiments les plus profonds des peuples et les enseignements de l'histoire.

Comme l'écrivait avec raison M. Rollin-Jacquemyns (1) : « Les nations européennes, glorieuses de leur passé « historique, de leur langue, de leur littérature, de tout « ce qui constitue leur individualité, se rallieraient dif- « ficilement à un pareil idéal. » M. Bluntschli, qui serait heureux à coup sûr de voir s'établir un jour un sénat européen sur le modèle du sénat américain, n'ose pas cependant s'abandonner à d'aussi grandes espérances : « De nos jours, dit-il, l'idée d'une confédération des « Etats européens n'est plus trop excentrique, mais « cette confédération n'existe pas encore (2). »

Le mouvement dans les réunions savantes en faveur de l'arbitrage.— Toutes ces théories que nous venons d'étudier ne pouvaient rester longtemps dans le domaine exclusif de la science ; elles devaient, grâce à la réputation de leurs défenseurs, agir fortement sur l'opinion publique.

Bientôt en effet l'initiative de quelques hommes actifs et généreux tels que Richard Cobden, amena la réunion de congrès occupés à rechercher les moyens de prévenir la guerre. Dans une de ces assemblées fut rédigé le projet d'un vœu favorable à la médiation inséré depuis, nous le savons, dans le traité de Paris.

(1) *Revue de Droit international,* année 1873.

(2) Bluntschli, ouvrage déjà cité.

Après le Congrès, on vit apparaître les sociétés permanentes qui, dans chaque pays, faisaient de la propagande au profit des doctrines émises par les philosophes.

En même temps des hommes de talent, des « apôtres de la paix » communiquaient aux peuples de l'Europe dans de grands meetings les résultats de leurs études et de leurs observations.

Les motions faites en faveur de l'arbitrage dans les Assemblées politiques de divers pays. — Les gouvernements ne pouvaient rester indifférents aux tendances des populations ; ils devaient, sinon par une sincère conviction, au moins par crainte d'impopularité, s'associer aux savants dans cette œuvre pacifique.

Cette participation des hommes politiques à ce mouvement général se manifesta dans ces dernières années par des discussions fort intéressantes qui eurent lieu dans les chambres des divers Etats. A cette occasion, de remarquables discours furent prononcés à Londres et à Rome. Ces courageux efforts amenèrent l'adoption de résolutions importantes qui indiquent des vues plus larges et plus modérées de la part des cabinets.

Du reste, il faut l'avouer, l'accueil ne fut pas le même partout : si quelques assemblées législatives donnèrent leur approbation aux divers projets qui leur furent présentés, d'autres, au contraire, se montrèrent pleines de défiance envers toutes les innovations.

Nous allons examiner rapidement ces manifestations politiques, afin d'apprécier leur importance et les espérances qu'elles donnent pour l'avenir. Nous insisterons sur les débats qui se sont élevés aux chambres anglaises et italiennes parce qu'ils offrent un véritable intérêt (1).

Les Chambres américaines. — Les Américains parurent dès l'origine très-favorables aux doctrines des philosophes ; aimant les arts et l'industrie, ils détestaient la guerre qui arrête tout progrès. Dès 1835, des pétitions nombreuses furent adressées aux législatures des divers Etats de l'Union pour recommander la pratique de l'arbitrage. Ces demandes restèrent quelque temps sans amener de résultats importants. En 1851 seulement un premier pas fut fait dans cette voie : le Comité des affaires étrangères du Sénat des Etats-Unis, présidé par M. Foot, émit un vœu en faveur de l'arbitrage international.

Bientôt le Sénat voulut donner à la politique du pouvoir exécutif une direction conforme à ses vues. Sur le rapport de M. Underwood, il adopta en 1853 la résolution suivante :

« Le président est engagé, chaque fois que cela sera
« possible, à insérer dans tous les traités à conclure à

(1) Voyez à ce sujet le compte-rendu de la *Revue de Droit international,* 1873-1874.

« l'avenir, un article ayant pour but de faire soumettre « tout différend qui pourrait s'élever entre les parties « contractantes à la décision d'arbitres impartiaux à « choisir d'un commun accord. » Ainsi le gouvernement américain donnait l'exemple aux autres nations en renonçant à l'avance pour lui-même à recourir à l'emploi de la force. L'insertion de cette clause compromissoire était un gage sérieux donné au maintien de la tranquillité générale.

En décembre 1873, une proposition plus étendue a été présentée au Sénat des Etats-Unis. Par un projet de résolution, le sénateur Sumner a engagé le gouvernement à recommander l'adoption de l'arbitrage dans ses rapports avec les autres nations.

Les Chambres anglaises. — L'Angleterre ne voulut pas rester en retard sur les Etats-Unis dans une question qui touchait aux droits les plus sacrés de l'humanité.

Cobden, le premier, tenta d'obtenir un vœu favorable aux idées nouvelles. Il fit une proposition tendant à envoyer une adresse à la reine pour lui conseiller d'appeler l'attention des autres gouvernements sur les avantages de l'arbitrage. Cet essai ne fut pas heureux. Malgré le prestige du nom de son auteur et la pression de l'opinion publique, le projet d'adresse fut rejeté à une grande majorité.

Ce petit échec ne découragea pas les partisans des théories pacifiques, qui se contentèrent d'attendre une occasion plus favorable pour faire triompher leurs vues.

Les terribles événements qui avaient jeté le trouble en Europe en 1870, devaient profondément modifier les opinions des hommes politiques en leur montrant les dangers des guerres futures. Le moment était donc bien choisi pour faire une nouvelle motion. Au mois de juillet 1873, M. Henry Richard, fort connu par son zèle en faveur d'un désarmement général, émit à la chambre des communes la proposition suivante :

« Qu'une humble adresse soit présentée à la reine, « afin qu'elle charge son ministre des affaires étran- « gères d'entrer en communication avec toutes les puis- « sances dans le but d'améliorer le droit international « et d'instituer un système d'arbitrage international « permanent et général. »

M. Richard, pour soutenir son projet, montra qu'il n'existait aucun moyen régulier de régler les différends entre nations et qu'il était cependant nécessaire d'arrêter ces armements exagérés, si dangereux pour la paix générale. Il cita l'exemple de plusieurs affaires heureusement terminées par des voies pacifiques. Après avoir rappelé la solution de la question de l'*Alabama*, il ajouta : « Mais ce n'est pas assez, en suivant « cette pratique, on est toujours obligé d'attendre pour

« s'occuper d'arbitrage qu'une querelle soit née, tandis « que s'il y avait dès le début quelques recours régulier « et prévu, ces influences perturbatrices de l'intrigue et « de la passion se trouveraient écartées. » Il invoqua les opinions de plusieurs savants illustres qui réclament l'organisation d'un tribunal international permanent. « La motion ne va pas aussi loin, dit-il, elle a « seulement pour but d'établir une commission in- « ternationale chargée d'examiner l'état actuel de la « loi internationale et de la ramener à quelque chose de « clair et d'homogène. »

Plusieurs orateurs éminents se déclarèrent favorables à la proposition et la soutinrent avec toute l'autorité de leur talent.

M. Gladstone, en partageant les idées de M. Richard, voulut cependant formuler quelques réserves. Il dit qu'il fallait continuer à prêcher la politique de paix et à recommander la pratique de l'arbitrage, mais qu'il n'y avait pas dans la conscience générale de l'Europe un progrès suffisant pour tenter davantage. « Le traité de Washington, ajouta-t-il, n'est pas en- « core susceptible d'être exécuté en entier, puisque « l'Angleterre et les Etats-Unis ne s'entendent pas sur « l'interprétation des trois règles. Comment concevoir « dès-lors que l'Angleterre invite les autres nations à « s'arranger pour la confection d'un code international « et d'un système général et permanent d'arbitrage ? »

Après cette brillante discussion, le projet fut adopté le 9 juillet à une assez grande majorité. La défaite de Cobden était réparée d'une façon éclatante.

Toujours respectueuse envers les décisions de la majorité et animée de tendances pacifiques, la reine d'Angleterre fit communiquer le 11 juillet au Parlement la réponse suivante qui contient des pensées très élevées : « J'ai « reçu votre adresse me priant de vouloir bien charger le « principal secrétaire d'Etat pour les affaires étrangères, « d'entrer en communication avec les puissances étran- « gères, dans le but d'améliorer le droit international. « Je sens toute la force des motifs philanthropiques qui « ont dicté votre adresse. De tout temps j'ai cherché à « étendre par mon avis et mon exemple, chaque fois « que l'occasion s'en est présentée, l'usage de mettre « fin aux différends entre nations par le jugement im- « partial de puissances amies et à encourager l'adop- « tion de règles internationales, conformes à l'avan- « tage de tous ; je continuerai à suivre cette con- « duite en tenant compte du temps et des circonstances, « toutes les fois qu'il paraîtra possible de le faire « utilement. »

Ce message montrait l'esprit conciliant qui avait guidé le gouvernement britannique dans les négociations relatives à plusieurs difficultés.

M. Henry Richard avait le droit d'être fier d'un triomphe aussi complet. C'était le premier exemple d'une déclaration aussi nette en faveur de la paix, émanant d'un gouvernement européen.

Le Parlement italien — L'Italie qui semble prendre l'initiative de toutes les sages réformes politiques et sociales, voulut aussi ajouter une pierre à l'édifice et travailler à affermir la paix.

Sous l'influence des idées fortement préconisées par M. Pierantoni, professeur de droit, plusieurs députés imitèrent la conduite de M. Richard, en Angleterre.

En 1871, M. Morelli demanda au Parlement italien de vouloir bien adopter un ordre du jour en faveur de la création d'un tribunal amphyctionique.

Cette proposition un peu vague ne devait pas amener de grands résultats.

M. Mancini, reprenant la pensée de Richard, en la précisant et en la rendant plus pratique, porta à la Chambre du royaume d'Italie, le 24 août 1873, une motion ainsi conçue :

« La Chambre exprime le vœu que le gouvernement
« du roi, dans les relations étrangères, s'efforce de
« rendre l'arbitrage un moyen accepté et fréquent de
« résoudre selon la justice les controverses internatio-
« nales dans les matières susceptibles d'arbitrage ;
« qu'il propose, lorsque l'occasion s'en présentera, d'in-
« troduire dans les traités une clause portant que les
« difficultés, sur l'interprétation et l'exécution de ceux-

« ci, seront déférées à des arbitres, et qu'il persévère « dans l'excellente initiative prise par lui depuis plu- « sieurs années pour la conclusion des conventions « entre l'Italie et les autres puissances, en vue de « rendre uniformes et obligatoires, dans l'intérêt des « peuples respectifs, les règles essentielles du droit in- « ternational privé. »

M. Mancini voulut préciser le but qu'il poursuivait et écarter tout reproche d'utopie. Il dit qu'il ne recherchait pas l'abolition de la guerre et le maintien de la paix perpétuelle, parce que les législateurs, les hommes d'Etat, les assemblées politiques, ne doivent admettre que des résolutions pratiquement applicables.

« Quelle est donc, ajouta-t-il, la valeur pratique de la « proposition? Quelques personnes croient que les par- « tisans de l'arbitrage s'engagent à l'appliquer d'une « manière absolue, même aux questions de vie et de « mort, où sont en jeu l'existence, l'indépendance, l'in- « tégrité nationale, en un mot, un de ces droits ab- « solus et fondamentaux que la nature reconnaît à tous « les peuples et que l'on ne peut détacher par la pensée « de l'essence constitutive de toute nation. Non, Mes- « sieurs, nous repoussons cette exagération, et dans le « texte même de la proposition, il n'est question que « de matières susceptibles d'arbitrage..... L'arbitrage « peut être efficace lorsqu'il s'agit de l'interprétation « d'une convention, de son exécution, de la violation

« des limites, d'offense causée, de préjudice apporté. »
En terminant son discours, l'orateur fit remarquer que la motion fournissait le moyen pratique d'aller au-delà d'une manifestation stérile par l'insertion de la clause compromissoire dans les traités de commerce, d'extradition, etc.

M. Mancini venait, par ce projet d'adresse, d'indiquer aux partisans des théories nouvelles quelle attitude il importait de prendre pour arriver à un progrès certain, et il les engageait à faire l'abandon d'une partie de leurs illusions.

Aussi M. Visconti-Venosta rendit le plus juste hommage à M. Mancini lorsqu'il le félicita d'avoir trouvé : « la plus pratique de toutes les formules qui avaient « été jusque-là soumises à un congrès ou à une assem- « blée politique. »

Les Etats secondaires ont suivi l'exemple que leur avaient donné les grandes nations et ont cédé au mouvement général en faveur des arrangements amiables entre nations.

La seconde Chambre du royaume des Pays-Bas. — En 1873, une première démarche avait été faite auprès du ministre des affaires étrangères des Pays-Bas pour lui demander de soutenir la cause de l'arbitrage. Le ministre avait répondu que le gouvernement du roi examinerait avec soin toute proposition faite en vue d'assurer la paix. Ces promesses encouragèrent des représentants à faire une motion dans ce sens.

Le 27 novembre 1874, MM. Bredius et Van Eck déposèrent sur le bureau de la seconde Chambre des Etats-Généraux de La Haye la déclaration suivante :

« La Chambre exprime le vœu que le gouvernement « négocie avec les puissances étrangères, en vue d'ob- « tenir que l'arbitrage devienne le moyen reçu pour le « juste réglement de tous les différends internationaux « entre nations civilisées, relatifs à des matières sus- « ceptibles d'arbitrage, et que, en attendant l'accom- « plissement de cet objet, le gouvernement s'efforce « dans toutes les conventions, à conclure avec d'autres « Etats, de stipuler que tous les différends capables « d'une pareille solution seront soumis à l'arbitrage. » Cette rédaction qui précisait la juste portée de l'arbitrage, fut votée par 35 voix contre 30.

La Chambre des représentants en Belgique. — Une motion qui est digne d'attention par son caractère essentiellement pratique, a été adoptée le 20 janvier 1875, sur la proposition de M. Thonissen, par la Chambre belge des représentants ; elle doit être examinée avec soin, car elle favorise les efforts de la science, en tenant compte en même temps des exigences de la vie politique. Je ne puis mieux faire que de la citer à titre de modèle.

« La Chambre exprime le vœu de voir étendre la pra-
« tique de l'arbitrage entre les peuples civilisés à tous
« les différends susceptibles d'un jugement arbitral.
« Elle invite le gouvernement à concourir à l'occasion
« à l'établissement des règles de la procédure à suivre
« pour la constitution et le fonctionnement des arbitres
« internationaux. Le gouvernement, chaque fois qu'il
« jugera pouvoir le faire sans inconvénient, s'efforcera,
« en négociant des traités, de faire admettre que les
« différends qui pourraient surgir quant à leur exécu-
« tion seront soumis à une décision d'arbitres. » Le Sénat a consacré cette résolution par un vote unanime le 17 février 1875.

La seconde Chambre de la Diète suédoise. — La seconde Chambre de la Diète suédoise a voté, à une grande majorité, un projet d'adresse priant le roi de concourir par sa politique à l'établissement d'un tribunal arbitral, soit permanent, soit constitué pour chaque occasion spéciale.

Ainsi, nous le voyons, la plupart des parlements des Etats de l'Europe ont accueilli favorablement la proposition tendant à restreindre les cas de guerre. Espérons que les autres grandes nations qui sont à la tête de la civilisation, ne voudront pas déserter la cause de l'humanité et de la raison.

Mais quel est le résultat des résolutions votées avec

tant d'empressement par les hommes politiques des divers pays ? Il ne faut ni le restreindre ni l'exagérer. Sans aucun doute, les gouvernements de l'Angleterre et des Etats-Unis n'ont fait aucune démarche auprès des Etats continentaux pour réaliser les projets d'arbitrage permanent et de codification du droit international, mais ils ont donné un salutaire exemple en évitant des conflits épouvantables par des négociations heureuses et en soumettant leurs querelles au jugement des arbitres.

De plus, la clause compromissoire, recommandée à l'attention des ministres par les votes des chambres belges, suédoises et hollandaises, tend à se répandre et se trouve insérée dans plusieurs traités récents. Cet avantage paraîtra minime à ceux qui veulent transformer le monde suivant les caprices de leur imagination, mais il donnera satisfaction à ceux qui ne s'abandonnent ni aux vides déclamations, ni aux illusions dangereuses.

Ces manifestations légales, qui émanent d'hommes éminents et sérieux, auront une influence très-heureuse sur les relations internationales et encourageront les diplomates à préférer la voix de la raison à l'argument brutal du sabre. M. Franck (1), dans un discours prononcé récemment au sein de l'Association de la Paix de Paris, avait bien raison de saluer avec reconnaissance l'inauguration de cette politique d'apaisement !

(1) Séance de la Société de la Paix de Paris, mai 1876.

La Conférence de Bruxelles. — Ses travaux. — La ligne de conduite qu'avaient adoptée les divers gouvernements, amena dans ces dernières années un événement politique d'une assez haute importance.

Justement émus des horreurs qui avaient signalé l'invasion allemande en France, plusieurs jurisconsultes cherchèrent les moyens d'éviter le retour de ces actes barbares. Ils rédigèrent des projets de code sur les usages de la guerre et proposèrent de réunir un congrès, afin de fixer les droits et les devoirs des belligérants.

La Cour de Russie qui est dirigée par un empereur libéral et éclairé, voulut se réserver l'honneur de l'initiative d'une grande réforme.

Dans le courant du mois d'avril 1874, le prince Orloff annonça aux divers cabinets que le ministère Russe préparait un projet sur les coutumes de la guerre :

« Ce travail, disait-il, embrassait l'ensemble des faits « inhérents à l'état de guerre et était destiné à fixer « les règles qui, adoptées d'un commun accord par « tous les Etats civilisés, serviraient à diminuer autant « que possible les calamités des conflits internationaux « en précisant les droits et les devoirs des gouverne- « ments et des armées en temps de guerre. »

Les divers Etats furent priés d'envoyer des représentants pour discuter et arrêter les termes de ce réglement international. Cette démarche rencontra partout un bienveillant accueil, et le 27 juillet 1874, la Conférence se réunit à Bruxelles pour commencer l'examen de toutes les graves questions qui lui étaient soumises.

Les représentants des diverses nations appartenaient, soit à la diplomatie, soit à l'armée, soit au personnel des facultés de droit. L'empire d'Allemagne avait envoyé M. Bluntschli.

Les délibérations commencèrent immédiatement et amenèrent l'adoption d'un projet de déclarations comprenant cinquante-six articles répartis sous les rubriques suivantes :

1° De l'autorité militaire sur le territoire ennemi.

2° Qui doit être reconnu comme partie belligérante ; — Des combattants et des non combattants.

3° Des moyens de nuire à l'ennemi.

4° Des siéges et bombardements.

5° Des espions.

6° Des prisonniers de guerre.

7° Des malades et blessés.

8° Des pouvoirs militaires à l'égard des personnes privées.

9° Des contributions et réquisitions.

10° Des parlementaires.

11° Des capitulations.

12° De l'armistice.

13° Des belligérants internés et des blessés soignés chez les nations neutres.

On voit que ce projet reprenait l'étude de tous ces points qui avaient été traités avec tant de soin par MM. Lieber et Bluntschli dans leurs essais de codification.

Les divers représentants eurent beaucoup de peine, malgré leur esprit conciliant, à s'entendre sur l'adoption de certaines règles. Les conditions qui doivent être mises à la reconnaissance de la qualité de belligérant firent surtout l'objet d'un débat assez vif. Quelques orateurs se laissèrent trop dominer par les intérêts particuliers de leur pays et par le souvenir des événements récents.

Lors de la clôture des travaux, il fut décidé qu'une conférence aurait lieu bientôt à Saint-Pétersbourg, afin d'amener un accord complet sur tous les points.

Nous devons remarquer ici que l'Angleterre, si favorable d'ordinaire aux progrès du droit international, sembla désapprouver les travaux de la Conférence de Bruxelles (1). Il est difficile d'expliquer les raisons de cette attitude étrange. Dès l'instant, en effet, où l'on reconnaît l'impossibilité de supprimer la guerre, n'est-il pas utile au moins d'en circonscrire les funestes conséquences ? Comme le dit avec raison M. Rollin-Jacque-

(1) Dépêche de lord Derby à lord Loftus, 20 juin 1875.

myns : « il reste à choisir entre deux alternatives : ou bien la continuation d'un droit vague, incertain et dans lequel, aux horreurs de la lutte, s'ajoute fatalement un cortége de récriminations stériles, sans autre résultat que d'envenimer et de prolonger sans fin les haines nationales et les passions surexcitées ; ou bien, la réglementation, la définition de rapports qui, malgré leur violence, ne sauraient échapper au droit (1). »

Nous souhaitons donc que l'entreprise commencée par le gouvernement russe soit menée à bonne fin et nous ne pouvons approuver M. Larroque, lorsqu'il dit qu'il est aussi difficile de civiliser la guerre que « d'habituer le tigre à vivre avec la gazelle. »

Autrefois on tuait sans pitié les blessés ennemis, aujourd'hui, même au milieu des combats, on respecte le drapeau de Genève ; n'est-ce pas là la meilleure réponse aux paroles de certains auteurs qui, après avoir montré sur certains points une confiance aveugle, s'abandonnent en d'autres circonstances à un découragement aussi peu justifié ?

L'Institut de droit international. — Sa mission. — Les travaux remarquables qui avaient été accomplis par les savants de tous les Etats d'Europe,

(1) Rollin-Jacquemyns, *Revue de Droit international*, année 1875.

avaient amené le développement du droit international ; néanmoins ces efforts isolés ne pouvaient avoir qu'une action restreinte. Cette imperfection se manifesta promptement aux yeux des savants.

MM. Miles, Lieber, Moynier conçurent le projet de former une conférence composée de jurisconsultes et de publicistes de divers pays pour délibérer sur les progrès du droit international, en établir les principes et en assurer l'efficacité pratique.

M. Rollin-Jacquemyns, dans une série d'articles publiés dans la *Revue de droit international*, montrait la nécessité de l'action scientifique collective : « Le mo-
« ment semble venu, disait-il, de fonder une institution
« permanente, purement scientifique qui, sans se pro-
« poser, ni la réalisation d'utopies plus ou moins
« éloignées, ni une réforme soudaine puisse cependant
« aspirer à servir d'organe dans le domaine du droit
« des gens à la conscience juridique du monde civi-
« lisé (1). »

M. Bluntschli, partageant ces idées, demanda l'organisation d'un corps scientifique permanent.

L'utilité de ce projet était incontestable. Aussi quelque temps après il fut décidé qu'une conférence à laquelle prendraient part les notabilités de tous les pays serait réunie à Gand le 18 septembre 1873.

(1) *Revue de Droit international*, année 1872.

L'ordre du jour de cette première réunion portait : *Organisation d'une action scientifique collective et permanente en vue de favoriser l'étude et les progrès du droit des gens. — Création d'un Institut international.*

Il est inutile de dire que les jurisconsultes les plus célèbres de toutes les nations répondirent à cet appel. MM. Bluntschli, Heffter, Calvo, Lorimer, Mancini, Pierantoni vinrent offrir leur concours.

Au début de la session, M. Mancini, répondant au bourgmestre de Gand, précisa les vues de la conférence : « Nous aspirons, dit-il, à codifier, sinon pour le tout, « au moins en partie, les règles obligatoires applicables aux relations internationales et à substituer du « moins dans la plupart des cas aux chances aveugles de « la force et à la prodigalité inutile du sang humain, un « système de jugement conforme au droit. »

La session de Gand fut employée à fixer le but et le réglement de l'Institut international. On s'occupa aussi de répartir, pour les sessions suivantes, les travaux entre les diverses commissions.

MM. Dudley-Field, de Laveleye, Piérantoni, Goldschmidt, Vernon-Harcourt furent chargés d'étudier les questions suivantes : « *De l'arbitrage international. — Projets de réglement des formes à suivre dans son emploi.*

Les statuts de l'Institut furent arrêtés dans ces séances.

L'article 1er résume le but de cette société permanente :

« L'Institut de droit international est une association
« exclusivement scientifique et sans caractère officiel.

« Il a pour but :

« 1° De favoriser les progrès du droit international
« en s'efforçant de devenir l'organe de la conscience
« juridique du monde civilisé.

« 2° De formuler les principes généraux de la science
« ainsi que les règles qui en dérivent et d'en répandre
« la connaissance.

« 3° De donner son concours à toute tentative sé-
« rieuse de codification graduelle et progressive de
« droit international. »

Ce programme est conçu dans des idées fort sages, aussi peut-on croire aux destinées heureuses de la nouvelle académie.

Dans sa session tenue à Genève le 31 août 1874, M. Goldschmidt présenta au nom de la commission dont il était rapporteur, un projet relatif aux tribunaux arbitraux, à leur formation et à leur procédure.

Les divers articles relatifs à la composition des tribunaux arbitraux, à leur fonctionnement, à la sentence arbitrale firent l'objet d'intéressantes discussions.

M. Moynier présenta le projet d'une déclaration qui devait servir d'intitulé aux articles adoptés :

« L'Institut, désirant que le recours à l'arbitrage
« pour la solution des conflits internationaux soit de

« plus en plus pratiqué par les peuples civilisés,
« espère concourir utilement à la réalisation de ce pro-
« grès en proposant pour le fonctionnement des tri-
« bunaux arbitraux ce réglement éventuel. »

L'Institut s'est réuni de nouveau à La Haye, le 25 août 1875, et a arrêté définitivement le projet de réglement pour la procédure arbitrale internationale.

Faisons des vœux pour la prospérité de cette belle entreprise qui, en levant les doutes si funestes au progrès du droit des gens existant et en apaisant les différends entre nations, remplit, suivant l'expression de M. Bluntschli, « une haute et sainte mission au service de l'humanité. »

CONCLUSION

Nous avons étudié avec soin tous ces projets ingénieux destinés à amener la suppression de la guerre et à faire régner une éternelle concorde parmi les peuples. Il nous a paru utile d'indiquer en même temps quelles difficultés et quels dangers présente la réalisation de ces théories empreintes sans doute d'une grande générosité, mais quelquefois aussi proposées sans examen profond. Puisse toutefois un jour s'établir cette paix perpétuelle que les philosophes réclament à grands cris depuis plusieurs siècles et que nous souhaitons de toutes les forces de notre âme ! Puisse un jour se produire dans le monde ce désarmement général si ardemment attendu ! Mais cette heure d'apaisement n'a pas encore sonné et malgré nos espérances dans l'avenir, nous ne pouvons, sans imprudence, fermer les yeux aux sombres nuages qui s'accumulent à l'horizon.

Nous ne devons donc pas nous abandonner à des illusions que les faits, dans leur dure brutalité, ne tarderaient pas à dissiper cruellement. Faut-il, pour cela, nous laisser aller au découragement et à l'indifférence ? Pas davantage. Une pareille conduite ferait en effet douter de notre dévouement à la cause de l'humanité et nous devons, chacun dans la mesure de nos forces, chercher le moyen d'éviter au monde le spectacle de nouvelles ruines. Aussi nous essaierons, pour notre part, de compléter cette étude par des conclusions tirées de nos propres réflexions et de l'observation des faits.

Nous allons esquisser à grands traits les réformes qu'on peut dès maintenant exiger de la sagesse des nations. Mais avant tout, pour rester dans la vérité, nous devons admettre comme règle que si la guerre ne peut disparaître complètement de cette terre, elle doit au moins être limitée dans ses causes et dans ses effets. Or ce résultat heureux ne peut être atteint que par le concours des savants et des hommes politiques.

Il est certain, en premier lieu, que les travaux individuels ou collectifs des philosophes et des jurisconsultes peuvent diriger l'opinion publique dans une bonne voie à la condition toutefois de tenir compte des exigences de la pratique. Eclaircir les points douteux du droit des gens actuellement suivi, constater les nouveaux principes chaque jour reconnus par l'humanité, encourager les peuples à terminer leurs contestations, par des moyens pacifiques, telle est la mission qui, par sa grandeur, doit suffire aux esprits les plus nobles et les plus généreux.

Nous ne pouvons donc qu'approuver les projets de codification des règles internationales qui, sans avoir la force des lois écrites, pourront au moins dissiper les erreurs et les préjugés en répandant dans le public les saines notions du droit et de la justice.

Quant aux gouvernements, ils peuvent aussi contribuer dans une grande mesure à assurer le maintien de la paix, s'ils savent apporter dans leurs relations diplomatiques des vues sages et modérées. Qu'ils suivent ce mouvement général vers la paix et qu'ils cherchent à la fois à réglementer la guerre et à la rendre plus rare. Ils auront à coup sûr bien mérité de l'humanité, s'ils parviennent à conduire à bonne fin le travail entrepris dans la Conférence de Bruxelles et à éviter au monde le retour d'actes sauvages qui nous ramènent vers le passé.

Imitant l'exemple de l'Angleterre et des Etats-Unis, les représentants des grandes nations devront, toutes les fois que la nature de l'affaire le permettra, renoncer à prendre les armes pour écouter les conseils d'une puissance amie ou pour soumettre les différends à l'examen d'un tribunal d'arbitres. A ce propos, nous souhaitons que la clause compromissoire, suivant le vœu de diverses assemblées politiques, soit insérée dans tous les traités pour le cas où un doute grave sur leur interprétation ou leur exécution viendrait à surgir (1).

Il serait aussi avantageux pour la tranquillité générale de transformer en obligation le vœu adopté lors du traité de Paris en 1856 par les grandes puissances et de rendre ainsi plus fréquent l'emploi de la médiation.

Les nations qui, avant de commencer les hostilités, seraient obligées de subir une sorte de préliminaire de conciliation, auraient le temps de réfléchir sur les malheurs et les dangers d'une lutte et, revenant sur une décision trop précipitée, accepteraient souvent un arrangement conforme à leurs intérêts et à leur honneur (2).

Mais à côté des moyens directs pouvant diminuer les chances de guerre, il y a aussi, suivant l'expression très-juste de M. de Laveleye, des moyens indirects. En

(1) Dans ces dernières années, la plupart des traités de commerce contiennent des dispositions de cette nature. Le traité postal international du 9 octobre 1874, porte dans l'art. 16 : « En cas de dissentiment entre deux ou plusieurs membres de l'Union, relativement à l'interprétation du présent traité, la question en litige devra être réglée par jugement arbitral ; à cet effet, chacune des administrations en cause choisira un autre membre de l'Union qui ne soit pas intéressé dans l'affaire.

(2) Cette idée fait de grands progrès et a reçu un bon accueil auprès des savants de plusieurs pays.

encourageant dans chaque pays l'étude des langues étrangères et de la géographie, en augmentant les échanges par l'abaissement des tarifs, en facilitant les communications par la suppression de formalités gênantes, en multipliant les expositions industrielles et artistiques, en étendant les conventions relatives à la législation civile et pénale et en réglant d'une façon uniforme une foule de rapports, on fortifiera la solidarité bienfaisante qui doit unir les nations, on effacera les vieilles haines et on assurera dans les relations internationales une douce et continuelle harmonie (1).

Mais là ne doit pas se borner la tâche des hommes d'Etat. Les bonnes dispositions entre les peuples ne tarderaient pas, en effet, à être troublées, si les destinées du monde entier continuaient à dépendre uniquement du caprice de quelques souverains. On verrait bientôt éclater de nouveau des luttes funestes, inspirées par l'intérêt dynastique ou par l'amour des conquêtes.

Il faut donc, pour assurer la paix dans l'avenir enlever partout au pouvoir exécutif le droit de déclarer la guerre et confier aux représentants de la volonté natio-

(1) La France, maintenant sagement conduite par un gouvernement libéral et modéré, est entrée pleinement dans cette voie. Elle vient de conclure avec divers États des conventions tendant à admettre un système unique en matière de monnaies, de postes, de mesures, de télégraphes, etc.

nale la haute et délicate mission de statuer sur une aussi grave question (1).

C'est par toutes ces sages réformes qu'on arrivera à réaliser cette grande et belle parole que M. Laboulaye, dans l'entraînement de sa confiance et de ses espérances prononçait, trop tôt hélas, à la veille des événements de 1870 : « Napoléon diminue, Washington grandit ! » (2).

(1) La loi constitutionnelle française sur les rapports des pouvoirs publics (16-18 juillet 1875) consacre ce système. L'art. 9 porte : Le Président de la République ne peut déclarer la guerre sans l'assentiment préalable des deux Chambres.

(2) Le *Droit international codifié*, première préface, par M. Laboulaye.

TABLE DES MATIÈRES

Pages.

Chaumont. — Imprimerie Charles Cavaniol.

Chaumont. — Impr

www.ingramcontent.com/pod-product-compliance
Ingram Content Group UK Ltd.
Pitfield, Milton Keynes, MK11 3LW, UK
UKHW020331230726
13925UKWH00002B/741

9 782013 691451